EN

COCINA

2H

PARA TODA
LA SEMANA
TOMO 1

CAROLINE PESSIN

FOTOGRAFÍAS
CHARLY DESLANDES

COCINA
EN 2H
PARA TODA
LA SEMANA
TOMO 1

40 RECETAS
CERO COMPLICACIONES
Y PRODUCTOS DE TEMPORADA

Planeta

Prólogo

Si, como yo, eres adepto de lo casero y rehúyes lo industrial, pero tus jornadas laborales son tan ajetreadas que por la noche ya no tienes energía ni tiempo para cocinar…

Si, como yo, intentas preparar comidas sanas y equilibradas para tu familia, pero que gusten tanto a los adultos como a los niños…

Si, como yo, crees que pedir comida a domicilio es un derroche que perjudica el presupuesto alimentario…

Si te obsesiona la pregunta «¿Qué vamos a comer hoy?», repetida a diario por tu familia…

Entonces te encantará descubrir este método, llamado a veces *batch cooking* o *meal prep,* que consiste en preparar con antelación todos los platos para las cenas o las comidas de entre semana.

Desde que descubrí este método, ahorro, mi dieta es más equilibrada, disfruto comiendo y me he liberado del estrés de cocinar a diario.

Durante el fin de semana, dedico unas dos horas a pelar y cortar verduras, marinar y cocinar varios platos… y, entre semana, por la noche, solo tengo que recalentar, mezclar o cocer algo rápido. En un cuarto de hora, como máximo, la cena o la comida del día siguiente está lista.

¡Y a los amigos también les ha gustado! Si pruebas este método, ¡acabarás adoptándolo!

Introducción

¡Qué felicidad volver del trabajo y no tener que preocuparse por la cena o por la comida del día siguiente! ¡Qué liberador pasar tan poco tiempo en la cocina, sin tener que lavar tantas ollas, pero disfrutando de una comida rica y equilibrada!

Y es que todo el mundo ha sufrido el estrés de tener que cocinar. «¿Qué puedo preparar?» «¿Tengo todos los ingredientes necesarios?» «¿Cómo voy a cocinar y, a la vez, ocuparme de los niños, las tareas , los baños…?»

Por eso tan a menudo acabamos sucumbiendo a lo fácil: preparar pasta con mantequilla, calentar algún plato precocinado industrial, pedir una pizza o *sushi*… ¡Algo no necesariamente sano ni barato!

Sin embargo, organizándose de manera distinta es posible aligerar la carga mental que supone preparar las comidas.

El principio es muy sencillo: basta con dedicar dos horas del fin de semana a cocinar la comida principal para cada día de la semana.

He elaborado dieciséis menús variados y equilibrados, clasificados por estación. Los menús están pensados para una familia de cuatro personas, en cantidades lo bastante generosas como para alimentar a dos adultos y dos adolescentes. Si tienes hijos menores o solo son tres en casa, tendrás de sobra para comer a mediodía en el trabajo o para la cena.

Cada menú consta de siete recetas: cinco platos principales y dos entradas para acompañar los platos principales más ligeros. Decidí no proponer recetas de postres porque la mayoría de nosotros simplemente tomamos una pieza de fruta, una gelatina o un yogurt, reservando los placeres dulces para el fin de semana.

Con este método, de lunes a viernes ya no tendrás que preocuparte por el menú ni hacer compras en el último momento; además, no pasarás ni un cuarto de hora en la cocina, ¡prometido!

Solo tienes que seguir estos pasos

<u>1</u>. Elige un menú de temporada que se te antoje.

<u>2</u>. Haz las compras durante el fin de semana, como de costumbre (el viernes por la tarde, el sábado o el domingo). Los ingredientes de los menús son muy comunes y se encuentran sin dificultad en cualquier gran superficie. Para algunos menús, quizá sea necesario comprar algo en el mercado o en una tienda de congelados.

<u>3</u>. Elige un día, sábado o domingo, en que tengas dos horas libres. Es preferible cocinar el domingo, así toda la comida está un día más fresca y te ahorras congelar algunos platos.

<u>4</u>. Coloca los ingredientes necesarios en la barra o la mesa de la cocina. Con este truco ganarás tiempo, ya que no tendrás que interrumpir la sesión de cocina para buscar los ingredientes en el refrigerador o la alacena.

<u>5</u>. Saca los utensilios que vas a necesitar. Así lo tendrás todo al alcance de la mano.

<u>6</u>. Déjate guiar por los pasos de la sesión de cocina, que se han diseñado según el tiempo real de preparación.

<u>7</u>. Conserva los platos y los ingredientes preparados siguiendo las indicaciones que figuran al final de la sesión. En general, los platos del lunes al miércoles deben conservarse en el refrigerador, y los del jueves y el viernes en el congelador (excepto algunos menús, en los que no hace falta congelar nada).

Resultado: Entre semana, antes de servir la comida, solo tendrás que seguir las indicaciones para mezclar, recalentar o cocer algo en el último momento. En total, pasarás menos de un cuarto de hora en la cocina. Algunas veces, simplemente deberás calentar un plato. Otras, tendrás que cocer algo en el último momento, preparar algo rápido o mezclar algunos ingredientes.

¿Cuáles son las ventajas de este método?

En primer lugar, la incuestionable serenidad que experimentarás las tardes entre semana. Olvídate de los quebraderos de cabeza para decidir qué preparar y de las compras a última hora.

En segundo lugar, un verdadero ahorro de tiempo, dado que no solo dedicarás menos tiempo a cocinar, sino también a lavar ollas o a ordenar la cocina. Podrás saborear ese tiempo que te sobre con tus hijos o descansando.

Comidas variadas y equilibradas, con el buen sabor de lo casero, sin aditivos industriales.

Y, por último, un ahorro considerable en el presupuesto alimentario. Menos comida a domicilio y menos derroche, puesto que los menús se han elaborado de tal manera que todos los ingredientes que compres se utilicen a lo largo de la semana. ¡Cocina *zero waste*!

¿Cuáles son los inconvenientes de este método?

Pasar dos horas cocinando cansa. Puede que te dé la impresión de haber perdido una parte del fin de semana, que ya de por sí se hace corto. Pero ya verás que vale la pena, porque te facilita mucho el día a día. Además, he intentado que las sesiones de cocina resulten lo más sencillas posibles: las recetas están explicadas paso a paso, a detalle, y las fotos te permitirán visualizar el resultado.

¿Qué material necesito para seguir este método?

Los menús están pensados para un hogar promedio, que disponga de un horno en el que se puedan poner dos bandejas a la vez y estufa con al menos tres fogones. Durante la sesión de cocina, todo se prepara al mismo tiempo, lo que permite ahorrar tiempo y electricidad.

En cuanto a los utensilios de cocina y los contenedores de conserva necesarios para elaborar los menús, véase la página 12.

Antes de lanzarte…

✳ Ordena el congelador. Quizá debas cocinar algunos alimentos que tenías congelados para ganar espacio.

✳ Antes de ir a comprar, ordena el refrigerador, tira la comida caducada o que tenga mal aspecto, limpia los estantes con vinagre blanco para eliminar los olores y las bacterias, y termina todas las sobras.

Te propongo un reto: prueba el método con un solo menú, así podrás constatar sus beneficios durante toda la semana. ¡Lo más probable es que quieras continuar y acabes siendo un adepto!

Refrigerador

Tiempo de conservación

1 semana:
* lechuga lavada
* hierbas aromáticas lavadas
* verduras y *crudités* cortadas
* cebollas y ajos picados
* vinagretas

5 días:
* huevos duros
* humus
* legumbres cocidas en casa (lentejas, garbanzos, frijoles blancos, etc.)

Entre **3** y **4** días:
* cereales hervidos (arroz, quinoa, etc.)
* verduras cocidas
* sopas, cremas, gazpachos
* gratinados sin carne

2 días:
* carne marinada
* carne y pescado cocido
* quiches, hojaldres

Consejos

* No prepares las papas con excesiva antelación: crudas, se oxidan; si las guardas una vez cocidas, saben mal.
* En el caso de los cereales, si el tiempo de cocción es reducido (como el arroz, la pasta o la sémola), hiérvelos en el último momento, así tendrán mejor sabor y una textura óptima.
* Conserva los guisos y las sopas en la misma olla o cazuela si son para cenar, así podrás calentarlos directamente.
* Si congelas un plato casero, debes consumirlo en un plazo de dos meses, como máximo, para que la textura no se altere.

Material básico

Para cocinar

Antes de preparar los menús del libro, comprueba que dispones de los siguientes utensilios:

* 1 cazuela
* 1 sartén
* 3 ollas de distinto tamaño
* opcional: un *wok* y una vaporera

Los utensilios de cocina necesarios para elaborar las recetas son muy básicos, no hace falta ninguno profesional. Te bastará con una ensaladera, tazones, un embudo, charolas para el horno, bandejas para gratinar, un molde de pastel redondo, un molde de bizcocho rectangular, un escurridor de ensalada, una batidora de mano, una pala trituradora, un robot de cocina, un pelador, un rallador y una espumadera.

Para conservar

La particularidad de este libro es que se conservan muchos alimentos y platos. Por tanto, tendrás que proveerte de contenedores de conserva herméticos o recipientes. Elígelos preferiblemente de cristal, que son más saludables que los de plástico y, además, pueden ponerse en el horno o el microondas. En Ikea, por ejemplo, encontrarás a precios muy asequibles.

Para los menús, vas a necesitar, como máximo:

* 1 recipiente muy grande para guardar la ensalada
* 3 recipientes grandes
* 5 recipientes medianos
* 3 recipientes pequeños
* 2 contenedores pequeños herméticos para conservar las cebollas y el ajo picados sin que desprendan olores
* 1 botella de cristal de un litro y medio para conservar las cremas, las sopas o los gazpachos

También deberías tener a la mano papel film, bolsas para congelar y papel de cocina.

Despensa básica

Estos ingredientes se utilizan en muchos de los menús, así que asegúrate de tenerlos siempre en la despensa.

* aceite de girasol
* aceite de oliva
* arroz blanco
* arroz integral
* especias básicas: clavo, canela, comino, curri, hierbas provenzales, laurel, nuez moscada, *ras-el-hanut,* tomillo
* harina
* cátsup
* lentejas
* levadura
* maicena (fécula)
* miel
* mostaza
* pan molido
* pasta
* pimienta
* quinoa
* sal fina y gruesa
* salsa de soya
* salsa de tomate
* sémola
* trigo
* vinagre
* vinagre balsámico

Primavera

Menú #1

MÓDULO 1

Lista del súper

Menú #1

Verduras/Fruta

* 1 manojo de zanahorias
* 12 espárragos verdes
* 8 nabos pequeños
* 4 racimos de tomates *cherry*
* 1.5 kg de papas blancas
* 1 limón pequeño
* 1 manojo de cebollas tiernas
* 1 manojo de perejil
* 1 manojo de albahaca
* 6 dientes de ajo

Despensa básica

* harina
* aceite de oliva
* sal y pimienta

Carne/Pescado

* 1 kg de pierna de cordero
* 800 g de lomo de bacalao fresco

Lácteos

* 1 bolsita de parmesano
* 330 ml de crema líquida
* 50 g de mantequilla

Varios

* 2 tazas de frijoles blancos (en total, 500 g de peso neto)
* 400 g de pasta corta
* 50 g de piñones
* *tahin* (opcional)
* comino
* pan molido

Lunes

Pierna de cordero
con ajo, verduras de
primavera asadas y
frijoles blancos

Martes

Entrada
Crema de espárragos

Plato principal
Bacalao fresco a las
finas hierbas

Miércoles

Pastel de carne de
cordero con puré
de papa

Jueves

Entrada
Humus de frijol blanco
con *crudités* de
verduras

Plato principal
Pasta con espárragos
y bacalao

Viernes

Sopa minestrone

Preparación
Menú #1

Antes de empezar

1) Si tienes suficiente espacio, saca todos los ingredientes que vas a utilizar en la sesión de cocina, menos los tres manojos de tomates *cherry*, la pasta y el pan molido. Así lo tendrás todo a la mano y no perderás tiempo buscando los ingredientes en la alacena y el refrigerador.
2) Saca también todos los utensilios necesarios:
   * 2 charolas para el horno
   * 1 charola para el gratinado
   * 1 pala trituradora
   * 1 sartén
   * 1 olla grande
   * 1 olla mediana
   * 1 batidora de mano
   * 1 procesador de alimentos
   * 3 recipientes: 2 medianos y 1 grande
   * papel film

¡A cocinar durante 1 hora y 45 minutos!

1 Precalienta el horno a 180 °C (t. 6). Pela todos los dientes de ajo, córtalos en dos y quita el germen. Pon la pierna de cordero en una charola grande para el horno. Con un cuchillo, haz 6 incisiones anchas. Introduce ½ diente de ajo en cada una. Salpimienta la pierna de cordero y recúbrela con 20 g de mantequilla. Ásala en el horno durante 40 minutos.

2 Pon a hervir dos ollas —una grande y una mediana— de agua con sal. Pela las papas, los nabos y los espárragos. Corta en dos las ppapas y hiérvelas durante veinte minutos en la olla grande. Corta dos nabos en cuartos, otros dos en forma de bastoncitos y guarda los últimos cuatro enteros. En la olla mediana, hierve

los cuartos de nabos con los espárragos durante 10 minutos.

3 Corta los extremos de las cebollas y córtalas en juliana. Añade la mitad a la olla de los nabos y los espárragos. Añade también un diente de ajo.

4 Pela las zanahorias. Deja seis enteras. Corta la mitad de las zanahorias restantes en rodajas y la otra mitad en forma de bastoncitos. Guarda los bastoncitos de zanahoria en un recipiente mediano. Añade los bastoncitos de nabos. Estas *crudités* se servirán junto con el humus de frijol.

5 Retira seis espárragos de la olla. Ponlos debajo de la llave de agua fría, para que mantengan su color. Trocéalos. Guárdalos en un recipiente mediano.

6 Vacía casi toda el agua de la olla de los espárragos. Añade la mitad de la crema líquida, ½ cucharadita de sal, un poco de pimienta y dos papas hervidas. Tritúralo bien. Guarda la crema de verduras en un contenedor.

7 Cuando la pierna de cordero lleve cuarenta minutos en el horno, añade a la charola los cuatro nabos restantes, las seis zanahorias enteras, un racimo de tomates *cherry* y 200 g de frijoles con su jugo. Salpimiéntalo y déjalo en el horno 20 minutos más.

8 Lava y seca bien el perejil y la albahaca.

9 Prepara las finas hierbas para el bacalao: en un robot de cocina, echa 30 g de piñones, 30 g de harina, 30 g de mantequilla, la mitad del perejil, la mitad de la albahaca,

Preparación

Menú #1

½ diente de ajo, un poco de sal y pimienta. Tritúralo hasta obtener una pasta. Espárcela sobre los lomos de bacalao. Colócalos en una charola para el horno y ásalo durante un cuarto de hora.

10 En un sartén, calienta una cucharada sopera de aceite de oliva. Echa el resto de la cebolla en juliana, las rodajas de zanahorias y ½ cucharadita de sal. Sofríelo durante 5 minutos. Vierte 500 ml de agua y déjalo cocer 10 minutos más.

11 Mientras tanto, prepara un pesto: en el mismo vaso del robot de cocina que utilizaste para las finas hierbas (no hace falta que lo laves), echa 20 g de piñones, 1 diente de ajo partido en dos, el resto de la albahaca, ½ paquete de parmesano, ½ cucharadita de sal y una pizca de pimienta.

Tritúralo, añadiendo poco a poco 1 cucharada sopera de aceite de oliva.

12 Corta dos papas en daditos. Échalas al sartén en el que estás preparando la sopa minestrone junto con 150 g de frijoles. Cuando saques la sopa del fuego, añade el pesto. Mézclalo y guárdalo en un recipiente grande.

13 Con la pala trituradora, machaca las papas junto con el resto de la crema líquida, ½ cucharadita de sal y una pizca de pimienta.

14 Deshuesa la pierna de cordero y córtala en seis trozos. Con una batidora de mano o un robot de cocina, tritura los dos pedazos más imperfectos junto con 2 cucharadas soperas de perejil, 2 zanahorias cocidas y un poco del jugo de la cocción. Viértelo en

una charola para el horno y recúbrelo con el puré de papa.

15 Prepara el humus de frijol blanco: en el vaso del robot de cocina (limpio, esta vez), echa el resto de los frijoles blancos escurridos, el ajo restante, 1 cucharadita de *tahin* (opcional), el jugo de un limón y 1 pizca de comino. Tritúralo bien. Sírvelo en un tazón bonito. Espolvoréalo con la mitad del perejil picado que te queda. Echa el resto del perejil picado en la charola de la pierna de cordero.

16 Desmenuza un cuarto del bacalao a las finas hierbas, una vez hecho. Añádelo al recipiente de los espárragos cortados.

¡Todo listo! Deja que se enfríe.

Guarda en el refrigerador

* la pierna de cordero con legumbres, en la misma charola, tapado con papel film (se conserva durante 2 días);
* la crema de espárragos, en la olla (se conserva durante 3 días);
* el bacalao a las finas hierbas, si vas a consumirlo durante los 2 días después de prepararlo;
* el humus de frijol blanco, tapado con papel film (se conserva durante 5 días);
* los bastoncitos de *crudités* (se conservan durante 1 semana).

Guarda en el congelador

* el bacalao a las finas hierbas, si vas a consumirlo a partir de 2 días después de prepararlo;
* el pastel de carne de cordero, en la charola para gratinar, tapado con papel film;
* el recipiente con los trozos de espárragos y de bacalao;
* la sopa minestrone.

Resultado

Menú #1

Menú #1

Lunes

Tiempo de recalentamiento:
10 minutos

Pierna de cordero con ajo, verduras de primavera asadas y frijoles blancos

Ingredientes: el plato ya está preparado
Precalienta el horno a 180 °C (t. 6) y calienta la pierna de cordero con la guarnición durante 10 minutos. ¡Sírvelo!
Para el martes, si congelaste el bacalao a las finas hierbas, sácalo del congelador y déjalo en el refrigerador para que vaya descongelándose.

Tiempo de cocción y de recalentamiento:
10 minutos

Martes

Ingredientes: la crema de espárragos, el bacalao fresco a las finas hierbas, 2 racimos de tomates *cherry* y aceite de oliva
En una olla, calienta la crema durante 10 minutos.
Precalienta el horno a 210 °C (t. 7). Asa los tomates *cherry* con un chorrito de aceite de oliva durante 7 minutos.
Baja la temperatura del horno a 150 °C (t. 5) y añade los lomos de bacalao; caliéntalos durante 3 minutos.
Para el miércoles, saca del congelador el pastel de carne de cordero con puré de papa y déjalo en el refrigerador para que vaya descongelándose.

Entrada
Crema de espárragos

Plato principal
Bacalao fresco a las finas hierbas

Miércoles

Tiempo de recalentamiento:
10 minutos

Pastel de carne de cordero con puré de papa

Ingredientes: el pastel de carne de cordero con puré de papa y un poco de pan molido
Precalienta el horno a 220 °C (t. 7-8). Espolvorea el pastel de carne de cordero con puré de papa con pan molido y ponlo en el horno durante 10 minutos. ¡Sírvelo!
Para el jueves, saca del congelador el recipiente con los trozos de espárragos y bacalao y déjalo en el refrigerador para que su contenido vaya descongelándose.

Jueves

Entrada
Humus de frijol blanco con *crudités* de verduras

Plato principal
Pasta con espárragos y bacalao

<u>Tiempo de cocción y de recalentamiento:</u>
15 minutos
<u>Tiempo de preparación:</u>
1 minuto

Ingredientes: los bastoncitos de *crudités,* el humus, 400 g de pasta corta, el recipiente con los trozos de espárragos y bacalao, las sobras de parmesano.
Hierve la pasta siguiendo las indicaciones del paquete. En un recipiente, guarda ⅓ de la pasta para la sopa minestrone del día siguiente. Calienta los espárragos y el bacalao en el microondas. Mézclalos con la pasta y espolvoréalo con parmesano.
<u>Para el viernes, saca del congelador la sopa minestrone y déjala en el refrigerador para que vaya descongelándose.</u>

<u>Tiempo de recalentamiento:</u>
10 minutos

Viernes

Sopa minestrone

Ingredientes: las sobras de la pasta hervida, la sopa minestrone y un racimo de tomates *cherry*
En una olla grande, calienta la sopa minestrone con los tomates *cherry* durante 10 minutos. Añade la pasta hervida y ¡sírvelo!

Estas indicaciones son las ideales si preparaste el menú para comer en casa. Pero si cocinaste para comer al día siguiente en el trabajo, en general bastará con que ultimes la preparación la noche antes y calientes la comida en el microondas de la oficina.

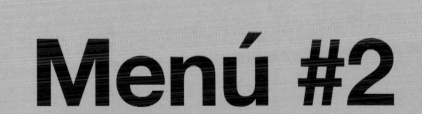

Menú #2

Carrito del súper

Menú #2

33

Lista del súper

Menú #2

Verduras/Fruta

* 2 manojos de berros
* 1 bolsa grande de brotes de espinacas
  (que no caduque hasta dentro de 4 días)
* 1 manojo de rábanos
* 1 manojo de cebolllas de Cambray
* 3 corazones de lechuga
* 1 papa grande
* 1 lima orgánica
* 1 limón
* 1 manojo de cilantro
* 1 manojo de estragón
* 3 echalotes
* 8 dientes de ajo
* 5 cm de jengibre fresco

Despensa básica

* 200 ml de salsa de tomate natural
* mostaza
* aceite de girasol
* aceite de oliva
* sal y pimienta

Carne/Pescado

* 200 g de filetes de salmón
* 1 cola de pescado blanco (pídele al pescadero
  que te quite la piel y corte la cola en daditos)
* 8 pechugas de pollo pequeñas

Lácteos

* 1 trozo de parmesano
* 1 bote de *mascarpone* (250 g)
* 1 bote de *ricotta* (250 g)
* 1 bote grande de crema fresca
* 330 ml de crema líquida

Varios

* 4 huevos
* 2 masas quebradas
* 200 g de lentejas rojas
* 500 g de arroz
* 1 pan integral grande
* 400 ml de leche de coco
* 10 g de pasta de curri verde
* 8 anchoas
* salsa inglesa
* Tabasco®
* 2 semillas de cardamomo
* 1 cucharada sopera de especias *tandori*

Lunes

Empanada de salmón
y berros

Martes

Entrada
Tostadas con rábanos

Plato principal
Pollo al estragón

Miércoles

Dhal de lentejas

Jueves

Entrada
Crema de hojas
de rábanos

Plato principal
Ensalada César

Viernes

Curri verde de pescado
blanco

Preparación
Menú #2

Antes de empezar

1) Si tienes suficiente espacio, saca todos los ingredientes que vas a utilizar en la sesión de cocina, menos los brotes de espinacas, los corazones de lechuga, la lima, 1 diente de ajo, la crema líquida, el parmesano, el arroz, la salsa inglesa, la Tabasco® y las anchoas. Así lo tendrás todo a la mano y no perderás tiempo buscando los ingredientes en la alacena y el refrigerador.
2) Saca también todos los utensilios necesarios:
   * 1 robot de cocina
   * 1 escurridor de ensalada
   * 1 sartén
   * 1 molde de pastel redondo
   * 1 batidora de mano
   * 1 olla pequeña
   * 1 olla grande
   * 1 rallador (para la piel de limón y el jengibre)
   * 1 ensaladera pequeña
   * 1 botella de cristal de 1.5 l (para guardar la crema de hojas de rábanos)
   * 7 recipientes: 2 grandes, 1 mediano y 4 pequeños

¡A cocinar durante 2 horas!

1 Quita los tallos de los berros. Lava las hojas en el escurridor de ensalada. Sécalas y córtalas un poco. Guarda 1 puñado de hojas de berros en un tazón.

2 Pela y corta en juliana los echalotes y 7 dientes de ajo.

3 En un sartén, calienta 1 cucharada sopera de aceite de oliva. Añade ⅓ de los echalotes, ½ cucharadita de ajo y ½ cucharadita de sal. Sofríelo durante 2 minutos y luego añade los berros. Cuécelo durante 5 minutos a fuego alto, hasta que se evapore el agua.

4 Mientras tanto, hierve 1 huevo en una olla pequeña durante 10 minutos.

5 En un tazón, casca los 3 huevos restantes. Reserva la mitad de una yema (para dorar la empanada). En el vaso del robot de cocina, pon los huevos, el bote de *mascarpone,* ½ cucharadita de sal, un poco de pimienta, y tritúralo bien. Añade los berros cocidos y tritúralo de nuevo.

6 Precalienta el horno a 180 °C (t. 6). Corta el salmón en dados y añádelo a la preparación con berros. Engrasa el molde de pastel. Recúbrelo con una masa quebrada. Iguala los bordes que sobresalgan del molde. En la segunda masa quebrada, corta un círculo del mismo diámetro que el molde. Vierte la preparación con berros y salmón en el molde. Coloca el círculo de masa encima. Dobla los bordes de masa hacia dentro, juntando las dos masas. Unta la parte superior con la yema de huevo que reservaste. Con un cuchillo, haz un agujero en el centro de la masa e introduce un trocito de papel vegetal enrollado, para crear una especie de chimenea. Hornea durante 50 minutos.

7 Corta las hojas de rábanos a ras de los rábanos. Lávalas bien en el escurridor de ensalada. A continuación, lava los rábanos y córtalos en rodajas. Guárdalos en un recipiente pequeño.

8 En una olla, calienta 1 cucharada sopera de aceite de oliva. Añade la mitad de los echalotes, ½ cucharadita de ajo y ½ cucharadita de sal. Sofríelo a fuego lento durante 5 minutos. Mientras tanto, pela la papa y córtala en daditos. Añádela a la olla y luego cúbrelo todo con 400 ml de agua. Déjalo cocer durante 10 minutos.

9 Lava las cebollitas de Cambray y pícalas. Lava y seca con cuidado el cilantro y el estragón.

Menú #2

10 En la olla, añade las hojas de los rábanos, el puñado de berros que habías reservado, 1 ramita de estragón y 1 cucharada sopera de los tallos de las cebolletas. Cuécelo durante 3 minutos. Añade 50 g de *ricotta* y tritúralo con la batidora de mano. Guárdalo en un recipiente de cristal, dejando un poco de espacio vacío.

11 En el vaso del robot de cocina, echa 2 cucharadas soperas de cebollitas de Cambray, 1 cucharadita de ajo, ⅓ del manojo de cilantro con los tallos, la mitad del jengibre pelado y 10 g de pasta de curri verde. Tritúralo.

12 Prepara el curri verde de pescado blanco: en un sartén, vierte la mitad de la leche de coco, llévala a ebullición y deja que se reduzca hasta la mitad. Echa la preparación del curri verde y déjalo hervir durante 1 minuto. Añade los dados de

pescado blanco y cuécelo a fuego alto sin poner la tapa durante 5 minutos. Después, ralla la piel de la lima y vierte la mitad del jugo de limón. Guárdalo en un recipiente mediano. Lava el sartén.

13 Prepara el *dhal* de lentejas: en un sartén, calienta 1 cucharada sopera de aceite de oliva. Añade la mitad del ajo y de los echalotes restantes, 1 cucharadita de sal, las especias *tandori,* las semillas de cardamomo y el jengibre rallado restante. Cuécelo durante 1 minuto y luego añade las lentejas rojas, la salsa de tomate y 300 ml de agua. Déjalo cocer a fuego lento durante 15 minutos más. Si es necesario, añade un poco de agua durante la cocción.

14 Corta 8 rebanadas gruesas de pan. Con las rebanadas de los extremos, haz dados. Ponlos en una ensaladera pequeña con 2 cucharadas soperas de aceite de oliva,

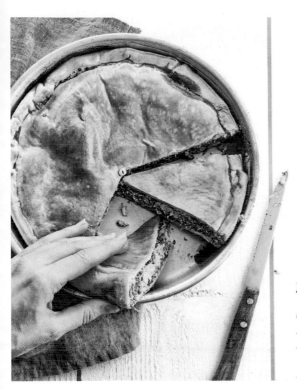

½ cucharadita de sal y el ajo restante. Mézclalo y luego hornéalo a 180 °C (t. 6) durante 10 minutos para tostar los crutones. Guárdalos en un contenedor.

15 Cuando las lentejas rojas estén cocidas, añade la mitad de la leche de coco y el jugo de lima restante, y mézclalo en el fuego durante 1 minuto.

16 Prepara la salsa de estragón: en una olla pequeña, calienta 1 cucharadita de aceite de oliva. Añade los restos de ajo y de chalotas junto con ½ cucharadita de sal y sofríelo durante 3 minutos. Añade 2 cucharadas soperas de mostaza, el bote entero de crema líquida y tres cuartos del manojo de estragón. Llévalo a ebullición durante 2 minutos. Luego sácalo del fuego y tritúralo bien con la batidora de mano.

<u>¡Todo listo! Deja que se enfríe.</u>

Guarda en el refrigerador
* el huevo duro (se conserva durante 5 días);
* la empanada de salmón, en el molde (se conserva durante 2 días);
* el *dhal* de lentejas (se conserva durante 1 semana);
* el resto de las cebollitas picadas (se conservan durante 1 semana);
* las rodajas de rábanos (se conservan durante 1 semana);
* la salsa de estragón (se conserva durante 3 días);
* el resto del cilantro y el estragón, en un recipiente hermético, entre dos hojas de papel de cocina (se conservan durante 1 semana);
* las 8 rebanadas de pan, en una bolsa hermética (se conservan durante 4 días).

Guarda en el congelador
* el curri verde de pescado blanco;
* la crema de hojas de rábanos.

Resultado
Menú #2

Menú #2

Lunes

Empanada de salmón y berros

Tiempo de recalentamiento:
10 minutos

Ingredientes: la empanada
Precalienta el horno a 180 °C (t. 6)
y calienta la empanada durante 10 minutos.

Tiempo de cocción:
15 minutos
Tiempo de preparación:
10 minutos

Martes

Entrada
Tostadas con rábanos

Plato principal
Pollo al estragón

Ingredientes: las 8 rebanadas de pan integral, la *ricotta* restante, las rodajas de rábanos, los cebollines picados, sal y pimienta; las 8 pechugas de pollo, la salsa de estragón, el estragón restante y aceite de oliva
Tuesta las rebanadas de pan. Úntalas con *ricotta,* cúbrelas con las rodajas de rábanos y las cebollitas picadas, y salpimiéntalas. Guarda algunas rodajas de rábanos para el jueves.
En un sartén grande, calienta 2 cucharadas soperas de aceite de oliva y fríe las 8 pechugas de pollo durante 15 minutos. Saca del fuego 4 pechugas de pollo y guárdalas en un recipiente hermético para la ensalada César del jueves. Vierte la salsa de estragón en el sartén y llévala a ebullición. Decóralo con hojas de estragón y sírvelo.

Miércoles

***Dhal* de lentejas**

Tiempo de cocción y de recalentamiento:
10 minutos

Ingredientes: el *dhal* de lentejas, la bolsa de brotes de espinacas, cilantro, 500 g de arroz, sal y pimienta
Lava el arroz y hiérvelo siguiendo las indicaciones del paquete. Calienta el *dhal* de lentejas en un sartén durante 5 minutos a fuego lento. A continuación, echa la bolsa de brotes de espinacas y cuécelo a fuego alto durante 5 minutos.
Sírvelo con la mitad del arroz y la mitad del cilantro.
Guarda el resto del arroz y del cilantro en el refrigerador para el curri de pescado del viernes.
Para el jueves, saca del congelador la crema de hojas de rábanos y déjala en el refrigerador para que vaya descongelándose.

Jueves

Tiempo de recalentamiento:
10 minutos
Tiempo de preparación:
15 minutos

Entrada
Crema de hojas
de rábanos

Plato principal
Ensalada César

Ingredientes: la crema de hojas de rábanos, las rodajas de rábanos restantes; los corazones de lechuga, las 4 pechugas de pollo fritas, los crutones, el huevo duro, 1 diente de ajo, las 8 anchoas, el trozo de parmesano, la lima, aceite de girasol, la crema líquida, Tabasco® y salsa inglesa

En una olla pequeña, calienta la crema de hojas de rábanos durante 10 minutos. Decórala con las rodajas de rábanos restantes.

Prepara el aderezo César: en el vaso del robot de cocina, pon el huevo duro pelado, la mitad del parmesano, el diente de ajo y las anchoas. Tritúralo. Añade el jugo de limón y tritúralo durante 2 minutos. A continuación, añade 70 ml de aceite, la crema líquida y algunas gotas de Tabasco® y de salsa inglesa. Tritúralo un poco más.

Unta las hojas de los corazones de lechuga con la salsa César.

Corta el pollo en tiras y salpiméntalo.

En una ensaladera, dispón las hojas de los corazones de lechuga, el pollo y los crutones. Con un pelador, haz láminas de parmesano. Sirve el resto de la salsa aparte.

Para el viernes, saca del congelador el curri verde de pescado blanco y déjalo en el refrigerador para que vaya descongelándose.

Tiempo de recalentamiento:
10 minutos

Viernes

Curri verde de
pescado blanco

Ingredientes: el curri verde de pescado blanco, los restos del cilantro, los restos del arroz, sal y pimienta

En una olla, calienta el curri verde de pescado blanco. Calienta el arroz como prefieras. Salpiméntalo todo y échale el cilantro.

Estas indicaciones son las ideales si preparaste el menú para comer en casa. Pero si cocinaste para comer al día siguiente en el trabajo, en general bastará con que ultimes la preparación la noche antes y calientes la comida en el microondas de la oficina.

Verano

Menú #1

Carrito del súper

Menú #1

Lista del súper
Menú #1

Verduras/Fruta

* 4 tomates bola para rellenar
  (u 8 medianos)
* 4 tomates saladet
* 6 calabacitas
* 1 berenjena
* 5 pimientos rojos
* 3 papas grandes
* 1 pepino
* 1 limón
* 1 manojo de cilantro
* 1 manojo de albahaca
* 6 dientes de ajo
* 4 cebollas blancas

Despensa básica

* hierbas provenzales
* vinagre de vino
* aceite de oliva
* sal y pimienta

Carne/Pescado

* 4 pechugas de pollo grandes
* 400 g de ternera molida (o de res)
* 8 rebanadas finas de jamón al gusto (serrano,
  de York, a las finas hierbas, pechuga
  de pavo, etc.)

Lácteos

* 1 bote de crema fresca de 200 ml
* 1 queso de cabra redondo (de unos 60 g)
* 1 paquete de *feta*
* 1 paquete de *mozzarella* rallado (150 g)

Varios

* 2 masas de pizza
* 1 pasta de hojaldre
* 150 g de aceitunas negras sin hueso
* 250 g de arroz
* 150 g de quinoa blanca
* 400 g de salsa de tomate
* 1 paquete de pasta corta (macarrones,
  por ejemplo)

Lunes

Entrada
Tabulé de quinoa

Plato principal
Pechugas de pollo
con pisto

Martes

Pizzas de verduras
y jamón serrano*

Miércoles

Pasta con calabacitas,
aceitunas y pollo

Jueves

Entrada
Empanadas de queso
de cabra y pisto

Plato principal
Tomates rellenos y arroz

Viernes

Ensalada de pasta
con verduras de verano

*Para que el menú no contenga cerdo, sustituye el jamón por pechuga de pavo.

Preparación

Menú #1

Antes de empezar

1) Si tienes suficiente espacio, saca todos los ingredientes que vas a utilizar en la sesión de cocina, menos el jamón, la pasta de hojaldre, las masas de pizza, el *feta,* el *mozzarella* rallado, las aceitunas, el arroz, la salsa de tomate y la pasta. Así lo tendrás todo a la mano y no perderás tiempo buscando los ingredientes en la alacena y el refrigerador.

2) Saca también todos los utensilios necesarios:
* 1 charola para el horno
* 1 olla grande
* 1 sartén
* 1 cazuela
* 2 tazones
* 1 charola para gratinar
* 1 escurridor de ensalada
* 1 colador de tamiz fino
* 1 vaso de entre 8 y 10 cm de diámetro
* 10 recipientes: 3 pequeños, 5 medianos y 2 grandes
* papel de cocina y papel vegetal

¡A cocinar durante 1 hora y 30 minutos!

<u>1</u> Precalienta el horno a 200 °C (t. 6-7).

<u>2</u> Pela y pica todas las cebollas y todos los dientes de ajo (córtalos en daditos). Resérvalos en 2 tazones.

<u>3</u> Pon las 4 pechugas de pollo en una charola para el horno recubierta de papel vegetal. Espolvoréalas generosamente con hierbas provenzales y échales un poco de sal. Hornéalo durante 40 minutos.

<u>4</u> Prepara el pisto: en una cazuela, calienta 2 cucharadas soperas de aceite de oliva. Añade la mitad de las cebollas y del ajo con 1 cucharada sopera de sal. Sofríelo con la tapa puesta.

5 Mientras tanto, lava los pimientos, córtalos por la mitad, quita las semillas y las membranas blancas y córtalos en daditos. Echa en la cazuela 3 pimientos en daditos y guarda los daditos de los 2 pimientos restantes en un recipiente hermético en el refrigerador.

6 Lava las calabacitas. Quita los extremos y córtalos en daditos. Echa los daditos de 3 calabacitas en la cazuela. Guarda los daditos de las 3 calabacitas restantes en un recipiente hermético en el refrigerador.

7 Lava los 4 tomates grandes para rellenar. Córtalos horizontalmente, quitando la parte superior con las hojas y el tallo. Con una cuchara, retira la pulpa y échala en la cazuela. Echa un poco de sal en el interior

de los tomates y ponlos boca abajo en un plato cubierto con papel de cocina para que desprendan el jugo.

8 Lava las berenjenas y córtalas en daditos. Añádelas a la cazuela.

9 Pela las papas y córtalas en daditos. Añádelas a la cazuela. Pon la tapa y cuécelo a fuego lento durante 35 minutos, removiendo de vez en cuando.

10 Pon a remojar la albahaca y el cilantro. A continuación, escúrrelos bien. Guarda toda la albahaca y la mitad del cilantro en un recipiente hermético entre 2 hojas de papel de cocina. Guárdalo en el refrigerador durante 1 semana.

11 Prepara el relleno de los tomates: en un sartén, calienta 1 cucharada sopera de

Menú #1

aceite de oliva. Echa el resto de la cebolla picada, la mitad del ajo y 1 cucharadita de sal. Sofríelo durante 5 minutos. Mientras tanto, pica el cilantro restante. Echa la carne molida y el cilantro en el sartén. Cuécelo durante 10 minutos, removiendo a menudo.

12 En una olla, pon a hervir 1.5 l de agua con sal. Lava bien la quinoa con agua.

13 Pela el pepino y córtalo en daditos. Lava los 4 tomates saladet y córtalos en daditos. Guárdalos por separado en un recipiente hermético (para las ensaladas).

14 Hierve la quinoa durante 15 minutos.

15 Rellena los tomates, ponlos en una charola para gratinar, tápalos con la parte de arriba y hornéalos durante

30 minutos, una vez que hayas sacado del horno las pechugas de pollo. Deja que se enfríen.

16 Aparta 6 cucharadas soperas de pisto y cuélalo para quitarle el máximo de jugo.

17 Prepara la salsa de limón para el tabulé de quinoa: mezcla el jugo de limón con 2 cucharadas soperas de aceite de oliva, ½ cucharadita de sal y un poco de pimienta.

18 Desenrolla la pasta de hojaldre. Corta círculos con un vaso de unos 10 cm de diámetro. Corta el queso de cabra en daditos. En el centro de cada círculo de masa, pon un dadito de queso y cúbrelo con 1 cucharadita de pisto colado y espolvoréalo con hierbas provenzales. Dobla cada círculo, formando una

empanada. Cierra los bordes, apretando con un tenedor. Hornea las empanadas durante 20 minutos.

19 Escurre la quinoa y pásala bajo un chorro de agua fría. Guárdala en un recipiente hermético.

20 Desmenuza la carne de las 2 pechugas de pollo. Guárdala en un recipiente hermético.

¡Todo listo! Deja que se enfríe.

Guarda en el refrigerador
* la quinoa hervida (se conserva durante 2 días);
* la salsa de limón para el tabulé de quinoa (se conserva durante 3 días);
* los recipientes con las verduras crudas: pimientos, calabacitas, tomates y pepinos (se conservan durante 1 semana);
* el pisto, en la misma cazuela (se conserva durante 3 días);
* las 2 pechugas de pollo enteras, en un recipiente hermético (se conservan durante 2 días);
* la albahaca y el cilantro en un recipiente hermético (se conservan durante 1 semana);
* el ajo restante, en un recipiente hermético pequeño (se conserva durante 1 semana).

Guarda en el congelador
* las empanadas de queso de cabra y pisto;
* los tomates rellenos;
* la carne de pollo.

Resultado

Menú #1

Menú #1

Lunes

Tiempo de recalentamiento:
15 minutos
Tiempo de preparación:
2 minutos

Entrada
Tabulé de quinoa

Plato principal
**Pechugas de pollo
con pisto**

Ingredientes: la quinoa hervida, la salsa de limón, los recipientes con daditos de tomate, de pepino y de pimiento, la mitad del cilantro; la cazuela de pisto y las pechugas de pollo asadas

Calienta el pisto en la misma cazuela y las pechugas de pollo en el horno precalentado a 180 °C (t. 6) o en la cazuela del pisto, como prefieras.

Pica el cilantro. En una ensaladera, echa la quinoa, el cilantro, la mitad de los recipientes del tomate y del pepino y un cuarto del recipiente de pimiento. Vierte la salsa de limón y mézclalo bien. ¡Sírvelo!

Tiempo de cocción:
10 minutos
Tiempo de preparación:
6 minutos

Martes

**Pizzas de verduras
y jamón serrano**

Ingredientes: las 2 masas de pizza, la salsa de tomate, el *mozzarella* rallado, los recipientes de calabacitas y pimiento, algunas aceitunas negras (opcional), un poco de hierbas provenzales, las rebanadas de jamón y 2 ramitas de albahaca

Precalienta el horno a 210 °C (t. 7). Mientras tanto, desenrolla las masas de pizza y cúbrelas con salsa de tomate, dejando 2 cm libres en los bordes. Reparte la mitad de las calabacitas y los pimientos (guarda el resto en lel refrigerador). Espolvoréalo con hierbas provenzales y decóralo con algunas aceitunas negras. Recúbrelo de *mozzarella* rallado.

Hornea las pizzas durante 10 minutos. Decora cada una con 4 rebanadas de jamón y las hojas de 1 ramita de albahaca. ¡Sírvelas!

Para el miércoles, saca del congelador la carne de pollo y déjala en el refrigerador para que vaya descongelándose.

Estas indicaciones son las ideales si preparaste el menú para comer en casa. Pero si cocinaste para comer al día siguiente en el trabajo, en general bastará con que ultimes la preparación la noche antes y calientes la comida en el microondas de la oficina.

Tiempo de cocción y de recalentamiento:
15 minutos
Tiempo de preparación:
2 minutos

Miércoles

Pasta con calabacitas, aceitunas y pollo

Ingredientes: el paquete de pasta, 1 puñado de aceitunas negras, el recipiente de la calabacita, el ajo restante, la carne de pollo descongelada, el bote pequeño de crema fresca, la mitad de la albahaca, aceite de oliva, sal y pimienta

Hierve toda la pasta en una olla grande de agua con sal. Mientras tanto, en un sartén, calienta 1 cucharada sopera de aceite de oliva. Añade el ajo y toda la calabacita. Cuécelo durante 10 minutos. Escurre la pasta. Guarda la mitad en un recipiente hermético (para la ensalada de pasta del viernes). En el sartén, añade el pollo, la crema líquida, las aceitunas y la pasta, y salpimiéntalo. Cuécelo durante 2 minutos más. Espolvoréalo con albahaca. ¡Sírvelo!

Para el jueves, saca del congelador las empanadas de queso de cabra y pisto y los tomates rellenos y déjalos en el refrigerador para que su contenido vaya descongelándose.

Jueves

Tiempo de recalentamiento:
15 minutos
Tiempo de cocción:
10 minutos

**Entrada
Empanadas de queso de cabra y pisto**

**Plato principal
Tomates rellenos y arroz**

Ingredientes: las empanadas de queso de cabra y pisto, los tomates rellenos y 250 g de arroz

Calienta las empanadas y los tomates rellenos en el horno precalentado a 160 °C (t. 5-6). Hierve el arroz siguiendo las indicaciones del paquete. ¡Sírvelo!

Tiempo de preparación:
5 minutos

Viernes

Ensalada de pasta con verduras de verano

Ingredientes: la pasta hervida, los recipientes de tomate, de pepino y de pimiento, el cilantro y la albahaca restantes, el *feta*, las aceitunas negras restantes, aceite de oliva, vinagre de vino, sal y pimienta

Corta el *feta* en dados. Pica el cilantro y la albahaca. Echa todos los ingredientes en una ensaladera. Sazónalo con 2 cucharadas soperas de aceite de oliva y 1 cucharada sopera de vinagre, salpimiéntalo y mézclalo. ¡Sírvelo!

Menú #2

Carrito del súper

Menú #2

Lista del súper

Menú #2

Verduras/Fruta

* 4 berenjenas grandes
* 4 calabacitas
* 1.5 kg de papas blancas grandes
* 500 g de ejotes frescos o congelados
* 250 g de champiñones
* 500 g de chícharos pelados o congelados
* 1 pepino
* 1 charola de tomates *cherry* de varios colores
* 1 manojo de cebollas tiernas
* 1 bolsita de ensalada mézclum
* 1 manojo de menta
* 1 manojo de hinojo
* 1 limón
* 3 dientes de ajo
* 2 cebollas moradas

Carne/Pescado

* 1 kg de carne de res molida
* 4 filetes de salmón fresco sin la piel
* 2 lomos de bacalao fresco (300 g en total)

Lácteos

* 25 g de mantequilla
* 330 ml de crema líquida
* 1 paquete de *feta*
* 1 bote de *ricotta* (250 g)
* 1 paquete de parmesano (60 g)

Despensa básica

* pan molido (180 g)
* nuez moscada
* vinagre de vino
* aceite de oliva
* sal y pimienta

Varios

* 4 huevos
* 400 g de lentejas verdes
* 250 g de arroz blanco o semiintegral
* 1 bote de tomate triturado (unos 400 g)
* 1 bote de 250 g de salsa de tomate natural
* canela molida

Lunes

Ensalada de papa, salmón, mezcla de hojas verdes, cebolla y pepino

Martes

Entrada
Ensalada de lentejas al estilo griego

Plato principal
Calabacitas rellenas

Miércoles

Musaka

Jueves

Estofado de pescado al hinojo con arroz

Viernes

Entrada
Sopa de chícharos, *feta* y menta

Plato principal
Albóndigas de lentejas con salsa de tomate y ejotes

Preparación

Menú #2

Antes de empezar

1) Si tienes suficiente espacio, saca todos los ingredientes que vas a utilizar en la sesión de cocina, menos los ejotes, los tomates *cherry,* la ensalada mézclum, el limón, la salsa de tomate y el arroz. Así lo tendrás todo a la mano y no perderás tiempo buscando los ingredientes en la alacena y el refrigerador.
2) Saca también todos los utensilios necesarios:
   * 2 charolas para el horno
   * 2 tazones
   * 1 vaporera
   * 1 charola grande para gratinar
   * 1 sartén
   * 1 olla grande
   * 1 sartén pequeño
   * 1 procesador de alimentos
   * 1 batidora de mano
   * 1 embudo (o colador fino)
   * 1 escurridor de ensalada (o una ensaladera grande)
   * 1 botella de cristal de 1.5 l (para guardar la sopa de chícharos)
   * 6 recipientes: 3 grandes y 3 medianos
   * papel de cocina, papel vegetal y papel film

¡A cocinar durante 2 horas!

1 Precalienta el horno a 200 °C (t. 6-7). Lava las berenjenas y córtalas longitudinalmente en rodajas de 2 cm de grosor. Colócalas sobre las 2 charolas para el horno recubiertas con papel vegetal. Úntalas con un poco de aceite de oliva y sal y hornéalas durante 30 minutos.

2 Lava las calabacitas. Córtalos en dos longitudinalmente. Con una cucharita, retira la pulpa. Ponlos en el horno al lado de las berenjenas. Cuécelas durante 10 minutos.

3 Llena de agua el escurridor de ensalada. Deja remojando la menta y el hinojo durante 5 minutos. Quita el agua y escúrrelos bien. Guarda la mitad de cada manojo en un recipiente entre 2 hojas de papel de cocina.

Así puedes conservarlos en el refrigerador durante 1 semana. Pica la otra mitad de cada manojo por separado y resérvalo en 2 tazones distintos.

4 Pela las papas. Cuécelas al vapor unos 20 minutos, hasta que puedas clavar la punta de un cuchillo sin dificultad. Pela las 2 cebollas moradas. Corta en daditos 1 cebolla y media, y la otra mitad en juliana.

5 Pon a hervir una olla grande de agua. Mientras tanto, pela y pica los 3 dientes de ajo. Resérvalos. Lava las lentejas en un colador. Échalas en el agua hirviendo y cuécelas siguiendo las indicaciones del paquete. No añadas la sal hasta el final de la cocción. Escúrrelas y deja que se enfríen.

6 En un sartén, calienta 2 cucharadas soperas de aceite de oliva. Añade los ⅔ de las cebollas moradas en daditos y la mitad del ajo picado. Echa un poco de sal y sofríelo durante 5 minutos.

7 Mientras tanto, pela el pepino y córtalo en daditos. Guárdalo en un recipiente hermético.

8 En el sartén, echa ⅔ de la carne molida y cuécela durante 10 minutos. Con el resto de la carne, prepara el relleno de las calabacitas: mezcla la carne con 1 huevo, 30 g de pan molido, la mitad del ajo y las cebollas en juliana restantes y 2 cucharadas soperas de la menta picada; salpimiéntalo.

9 Rellena las calabacitas, ya asadas. Espolvoréalas con la mitad del paquete de parmesano. Hornéalas durante 15 minutos.

Menú #2

10 Añade al sartén el bote de tomate triturado, un cuarto de cucharadita de canela y un poco de sal. Cuécelo a fuego lento durante 20 minutos.

11 Corta las papas cocidas al vapor: un cuarto en rodajas y el resto en dados grandes.

12 Prepara la salsa para la *musaka:* mezcla la mitad del *ricotta* con 2 huevos, 50 g del *feta* desmoronado y 2 cucharadas soperas de parmesano.

13 En la charola para gratinar, coloca ⅓ de las láminas de berenjena y, a continuación, todas las láminas de papa. Recúbrelo con la mitad de la carne con tomate, luego con ⅓ de las rodajas de berenjenas y con el resto de la carne. Arriba pon una capa

de berenjenas y recúbrelo con la salsa. Hornéalo durante 25 minutos.

14 Lava el manojo de cebollas tiernas, corta las puntas y pícalas. Lava los champiñones, quita la base y córtalos en dos.

15 Lava el sartén. Una vez limpio, derrite 25 g de mantequilla. Añade la mitad de las cebollas tiernas en juliana, los champiñones y ½ cucharadita de sal. Sofríelo durante 2 minutos. Echa el hinojo picado, la crema líquida, un puñado de chícharos y ½ vaso de agua. Cuécelo a fuego lento durante 5 minutos.

16 Mientras tanto, corta el bacalao y el salmón en dados grandes. Añádelos al sartén y cuécelo durante 5 minutos más.

y 40 g de *feta*. Tritúralo bien. Cuélalo con un embudo. Viértelo en un contenedor de cristal dejando un poco de espacio vacío.

20 Del sartén del estofado de pescado, retira la mitad de los dados de salmón. Guárdalos en un recipiente grande junto con los dados de papa y la cebolla tierna en juliana restantes.

¡Todo listo! Deja que se enfríe.

Guarda en el refrigerador

* los dados de pepino (se conservan durante 1 semana);
* el recipiente con las lentejas hervidas y las cebollas rojas restantes;
* el recipiente con los dados de papa, el salmón y las cebollas (se conservan durante 2 días);
* las calabacitas rellenas, si vas a consumirlos en los próximos 2 días;
* la menta y el hinojo en un recipiente hermético (se conservan durante 1 semana).

Guarda en el congelador

* las calabacitas rellenas, si vas a consumirlas a partir de 2 días después de prepararlas;
* la sopa de chícharos con menta;
* las albóndigas de lentejas;
* la *musaka,* en la misma charola para gratinar, recubierta con papel film;
* el estofado de pescado.

17 Prepara las albóndigas de lentejas: en el vaso del procesador de alimentos, echa la mitad de las lentejas hervidas, la *ricotta* restante, 1 huevo, el ajo y las cebollas restantes, 125 g de pan molido y 1 cucharada sopera de menta picada. Salpimiéntalo. Con las manos, forma bolitas. Recúbrelas con un poco de pan molido. Calienta un sartén con 1 cucharada sopera de aceite de oliva. Dora las bolitas por todos los lados durante 10 minutos.

18 Mientras tanto, en una olla, pon a hervir 1 l de agua con sal. Guarda el resto de las lentejas en un recipiente hermético junto con las cebollas moradas en juliana.

19 Echa los chícharos y las cebollas tiernas restantes en el agua hirviendo. Cuécelo durante 15 minutos. Añade 1 puñado de los dados de papa, la menta picada restante

Resultado

Menú #2

Menú #2

Lunes

Ensalada de papa, salmón, mézclum, cebolla y pepino

Tiempo de preparación:
5 minutos

Ingredientes: el recipiente con los dados de papa, salmón y cebolla, la bolsa de ensalada mézclum, la mitad de los dados de pepino, la mitad del hinojo restante, el limón, aceite de oliva, sal y pimienta

Prepara la salsa: en una ensaladera grande, emulsiona el jugo del limón con 3 cucharadas soperas de aceite de oliva, ½ cucharadita de sal y 1 pizca de pimienta. Añade los ingredientes de la ensalada y mézclalo.

Para el martes, saca del congelador las calabacitas rellenas y déjalas en el refrigerador para que vayan descongelándose.

Tiempo de recalentamiento:
15 minutos
Tiempo de preparación:
10 minutos

Martes

**Entrada
Ensalada de lentejas al estilo griego**

**Plato principal
Calabacitas rellenas**

Ingredientes: las calabacitas rellenas, los tomates *cherry,* las lentejas hervidas con las cebollas moradas en juliana, el pepino restante, el *feta,* la menta, aceite de oliva, sal y pimienta

Calienta las calabacitas rellenas en el horno precalentado a 160 °C (t. 5-6).

En una ensaladera, emulsiona 3 cucharadas soperas de aceite de oliva con 1 cucharada sopera de vinagre, 1 cucharadita de sal y 1 pizca de pimienta. Corta en dos los tomates *cherry.* Corta en dados tres cuartas partes de la *feta* restante y guarda el paquete en el refrigerador. Pica tres cuartas partes de la menta y guarda el resto en el refrigerador. En la ensaladera, mezcla los tomates *cherry,* las lentejas, las cebollas moradas en juliana, los dados de pepino, los dados de *feta* y la mitad de la menta picada. Espolvorea las calabacitas rellenas recalentadas con un poco de menta.

Para el miércoles, saca del congelador la *musaka* y déjala en el refrigerador para que vaya descongelándose.

Estas indicaciones son las ideales si preparaste el menú para comer en casa. Pero si cocinaste para comer al día siguiente en el trabajo, en general bastará con que ultimes la preparación la noche antes y calientes la comida en el microondas de la oficina.

servir?

Tiempo de recalentamiento:
15 minutos

Miércoles

Musaka

Ingredientes: la *musaka*
Calienta la *musaka* en el horno precalentado a 160 °C
(t. 5-6) y sírvela.
**Para el jueves, saca del congelador el estofado de
pescado y déjalo en el refrigerador para que vaya
descongelándose.**

Jueves

Estofado de pescado
al hinojo con arroz

Tiempo de recalentamiento:
10 minutos
Tiempo de cocción:
15 minutos
Tiempo de preparación:
3 minutos

Ingredientes: el estofado de pescado descongelado, 250 g de
arroz y el hinojo restante
En una olla, calienta el estofado de pescado a fuego
muy lento durante 10 minutos. Mientras tanto, hierve
el arroz siguiendo las indicaciones del paquete.
Salpiméntalo con hinojo y sírvelo.
**Para el viernes, saca del congelador la sopa
de chícharos y las albóndigas de lentejas y déjalas
en el refrigerador para que vayan descongelándose.**

Tiempo de recalentamiento:
10 minutos
Tiempo de cocción:
15 minutos
Tiempo de preparación:
10 minutos

Viernes

**Entrada
Sopa de chícharos,
feta y menta**

**Plato principal
Albóndigas de lentejas
con salsa de tomate
y ejotes**

Ingredientes: la sopa, las albóndigas, la salsa de tomate, el *feta*
restante, la menta restante, sal y pimienta
En una olla, calienta la sopa. Sírvela espolvoreada con el
feta restante desmoronado, un poco de pimienta y la menta
picada.
Pon a hervir 1.5 l de agua con sal y cuece los ejotes. En otra
olla, echa la salsa de tomate con ½ cucharadita de sal y
1 pizca de pimienta. Redúcelo durante 5 minutos. Añade las
albóndigas y caliéntalas durante 5 minutos.

Otoño

Menú #1

Carrito del súper

Menú #1

Lista del súper

Menú #1

Verduras/Fruta

* 1 calabaza cacahuate grande (de 1.5 a 2 kg) u otro tipo de calabaza
* 6 zanahorias
* 1 rama de apio
* 1.5 kg de papas blancas
* 1 bolsa grande de canónigos (que no caduque hasta dentro de 3 o 4 días)
* 1 bolsa grande de espinacas o de brotes de espinacas lavadas (unos 300 g)
* 1 manojo de perejil
* 1 manojo de cilantro
* 2 dientes de ajo
* 5 cebollas blancas
* 1 limón pequeño
* 1 lima
* 1 trozo de jengibre (de unos 3 cm)
* 1 manojo de cebolla tierna (o de cebollitas)
* 1 pepino pequeño
* 1 manzana pequeña *granny smith* o *golden,* al gusto (orgánica, idealmente)

Despensa básica

* 2 hojas de laurel
* vinagre balsámico
* aceite de oliva
* sal y pimienta

Carne/Pescado

* 150 g de taquitos de tocino ahumado o 2 bloques de tofu ahumado (200 g)
* 3 carrilladas de res (para ganar tiempo: cortadas en trocitos por el carnicero) u otra carne de res que pueda guisarse (espaldilla, por ejemplo)
* 1 charola de *carpaccio* de res (de unos 200 g), que no caduque hasta dentro de 6 días

Lácteos

* 500 ml de crema líquida
* 1 bolsita de parmesano rallado

Varios

* 1 taza de garbanzos
* *tahin* (crema de sésamo) o aceite de sésamo
* comino
* 4 panes *pita*
* 100 g de nueces de la India crudas
* arroz *thai* (250 g)
* 1 taza de castañas cocidas o 1 bolsita de castañas cocidas al vacío
* 2 botes de tomate triturado
* 1 vaso de vino tinto
* 2 chiles (o chile molido)
* 1 paquete de pasta corta
* 1 paquete de fideos o de *vermicelli* de arroz
* pan molido
* 2 cubos de consomé de res
* 2 anises estrellados
* 1 tarrito de salsa *nuoc-mam*

Lunes

Pasta con salsa de
carrillada de res

Martes

Entrada
Humus
(con *crudités* y pan *pita*)

Plato principal
**Sopa de calabaza
cacahuate, castañas
y taquitos de tocino**
(o tofu ahumado)

Jueves

Arroz salteado con
calabaza cacahuate,
espinacas y nueces de
la India tostadas

Viernes

Pho vietnamita

Miércoles

Entrada
**Ensalada de canónigos,
manzana verde
y nueces de la India**

Plato principal
**Pastel de carne
con puré de papas**

Preparación
Menú #1

Antes de empezar

1) Si tienes suficiente espacio, saca todos los ingredientes que vas a utilizar en la sesión de cocina, menos los canónigos, la lima, la manzana, los taquitos de tocino, el *carpaccio,* el pan *pita,* la pasta, los fideos de arroz, la salsa *nuoc-mam* y el vinagre. Así lo tendrás todo a la mano y no perderás tiempo buscando los ingredientes en la alacena y el refrigerador.

2) Saca también todos los utensilios necesarios:
* 1 cazuela (idealmente, que se pueda meter en el horno)
* 1 charola para gratinar grande
* 1 olla grande (para hervir las papas)
* 1 sartén
* 1 batidora de mano
* 1 robot de cocina (para triturar los garbanzos del humus)
* 1 escurridor de ensalada (o, en su defecto, una ensaladera grande con agua y un trapo de cocina limpio)
* 1 pala trituradora
* 1 recipiente grande de cristal (para guardar los bastoncitos de *crudités*)
* 1 botella de cristal de 1.5 l (para guardar el caldo del *pho*)
* 3 recipientes: 2 grandes y 1 mediano
* 1 tazón grande para el humus
* papel de cocina (o 1 trapo de cocina fino, limpio y seco)
* papel film

¡A cocinar durante 2 horas!

1 Precalienta el horno a 180 °C (t. 6).

2 Pela las 5 cebollas blancas y córtalas en juliana. Guarda ⅓ de las cebollas en juliana en un recipiente. Pela las 6 zanahorias. Corta 3 en daditos y las otras 3 en bastoncitos. Pela el pepino y córtalo en bastoncitos. Guarda todos los bastoncitos de *crudités* en un contenedor hermético, en el refrigerador, para servirlos con el humus. Corta la rama de apio en daditos.

3 En la cazuela, calienta 4 cucharadas soperas de aceite de oliva. Añade los ⅔ de cebolla en juliana, las zanahorias en daditos y la rama de apio. Échale sal y cuécelo durante 5 minutos a fuego medio. Añade los dados de carrillada de res y dóralos por todos los lados. Vierte el vaso de vino tinto y

deja que se evapore un poco. Añade 1 chile picado (o ¼ de cucharadita de chile molido), las 2 hojas de laurel y sal. Mézclalo bien y añade los 2 botes de tomate triturado. Tapa la cazuela y ponla en la parte de abajo del horno. (Ojo, si la cazuela no puede ir al horno, sigue la cocción en el fuego.) Cuécelo a fuego lento durante toda la sesión de cocina, comprobando de vez en cuando que la carne esté cubierta por la salsa.

4 Pela las papas y hiérvelas en una olla grande (unos 20 minutos, hasta que puedas clavar la punta de un cuchillo sin dificultad).

5 Lava el arroz y hiérvelo en una olla grande. Debe quedar un poco *al dente*.

6 Mientras tanto, pon las nueces de la India en una charola para el horno y tuéstalas durante 5 minutos en la parte de arriba

del horno, mezclándolos a media cocción. Cuando se hayan enfriado, guárdalas en un contenedor.

7 Pela los 2 dientes de ajo y pícalos. Resérvalos.

8 Escurre el arroz y deja que se enfríe. Lava la olla y vuelve a llenarla de agua para preparar la sopa.

9 Pela la calabaza cacahuate, córtala en dos y quita las semillas. Córtala en daditos. Reserva ¼ para el arroz salteado, echa el resto en la olla y cuécela durante 20 minutos.

10 Prepara las hierbas aromáticas: quita las ligas de los manojos y ponlas a remojar en el escurridor lleno de agua (o, en su defecto, en una ensaladera grande). Vacía el agua y

Preparación
Menú #1

escúrrelas bien. Deben quedar lo más secas posible para que se conserven. Guárdalas en un recipiente hermético entre 2 hojas de papel de cocina (o un trapo fino).

11 Corta las puntas de las cebollas tiernas, quita la primera capa y córtalas en juliana. Guárdalas en un recipiente pequeño de cristal.

12 Escurre las papas y tritúralas junto con 250 ml de crema líquida, la mitad del parmesano rallado y un poco de ajo picado. Resérvalo.

13 Tira casi toda el agua de cocción de la calabaza cacahuate y luego tritúrala junto con la crema líquida restante, las castañas, sal y pimienta. Lava la batidora de mano.

14 Prepara el caldo del *pho* vietnamita: pon a hervir 1.5 l de agua con los 2 cubos de consomé, los 2 anises estrellados, el jengibre pelado y laminado y 1 chile pequeño. Quita el chile y deja que se enfríe el caldo.

15 En un sartén, sofríe el resto de la cebolla en juliana y la mitad del ajo picado con un poco de aceite de oliva. Añade los dados de calabaza cacahuate restantes. Cuando empiecen a dorarse, añade 1 cucharón del caldo de *pho*. Pon la tapa y cuécelo durante 10 minutos a fuego lento. Añade las espinacas y el arroz hervido. Apaga el fuego de inmediato. Deja que se enfríe.

16 Prepara el humus: en el vaso de la batidora de mano, tritura los garbanzos escurridos con el jugo de 1 limón, 1 cucharada sopera de *tahin* (opcional), 1 cucharadita de comino, el ajo picado restante, 2 cucharadas soperas de aceite de

oliva (o de sésamo, si no tienes *tahin*), sal y pimienta. Viértelo en un tazón.

17 Saca la cazuela del horno y quita la mitad de la carne con salsa. Ponla en el fondo de la charola para gratinar y tritúrala un poco con la batidora de mano. Vuelve a poner la cazuela en el horno hasta que termine la sesión de cocina. Recubre la carne triturada con el puré de papa. Espolvoréalo con pan molido. Hornéalo en la parte de arriba del horno durante 10 minutos. (El pastel de carne con puré de papas acabará de cocerse al recalentarlo.)

¡Todo listo! Deja que se enfríe.

Guarda en el refrigerador

* la cazuela con la carrillada de res (se conserva durante 2 días);
* la sopa de calabaza y castañas, si vas a consumirla durante los 2 dias después de prepararla;
* el humus (se conserva durante 5 días);
* los bastoncitos de *crudités* (se conservan durante 5 días);
* las hierbas aromáticas (se conservan durante 1 semana).

Guarda en el congelador

* la sopa de calabaza y castañas, si vas a consumirla a partir de 2 días después de prepararla;
* el caldo de *pho* en un contenedor de cristal (debes dejar un poco de aire en la parte de arriba del contenedor);
* el arroz salteado;
* el pastel de carne con puré de papa, en la misma charola, tapado con papel film;
* las cebollas tiernas en juliana.

Resultado
Menú #1

¿Qué debes hacer antes de

Menú #1

Lunes

Pasta con salsa de carrillada de res

Tiempo de recalentamiento:
15 minutos
Tiempo de cocción:
15 minutos
Tiempo de preparación:
2 minutos

Ingredientes: la salsa de carrillada de res, 400 g de pasta corta, el parmesano rallado restante, 4 ramitas de perejil, sal y pimienta
Calienta la salsa de carrillada de res. Al mismo tiempo, hierve la pasta siguiendo las indicaciones del paquete. Sirve la pasta recubierta con la salsa de carrillada de res. Espolvoréalo con parmesano y algunas hojas de perejil picadas. Salpimiéntalo.
Para el martes, si congelaste la sopa de calabaza cacahuate y castañas, sácala del congelador y déjala en el refrigerador para que vaya descongelándose.

Tiempo de recalentamiento:
10 minutos
Tiempo de cocción:
5 minutos
Tiempo de preparación:
5 minutos

Martes

Entrada
Humus
(con *crudités* y pan *pita*)

Plato principal
Sopa de calabaza cacahuate, castañas y taquitos de tocino
(o tofu ahumado)

Ingredientes: el humus, los bastoncitos de zanahoria y de pepino, el pan *pita,* la sopa de calabaza cacahuate y castañas, los taquitos de tocino (o de tofu ahumado), 2 ramitas de cilantro, sal y pimienta
Espolvorea el humus con el cilantro picado. Tuesta un poco el pan *pita*.
Calienta la sopa. En un sartén, dora los taquitos de tocino (o el tofu ahumado con un poco de aceite de oliva). Repártelos entre los tazones de sopa.
Para el miércoles, saca del congelador el pastel de carne con puré de papas y déjalo en el refrigerador para que vaya descongelándose.

Estas indicaciones son las ideales si preparaste el menú para comer en casa. Pero si cocinaste para comer al día siguiente en el trabajo, en general bastará con que ultimes la preparación la noche antes y calientes la comida en el microondas de la oficina.

servir?

Tiempo de recalentamiento:
15 minutos
Tiempo de preparación:
5 minutos

Miércoles

Entrada
Ensalada de canónigos,
manzana verde y
nueces de la India

Plato principal
Pastel de carne
con puré de papa

Ingredientes: el pastel de carne con puré de papa; la bolsita de canónigos, la manzana, la mitad de las nueces de la India tostadas, 4 ramitas de perejil o de cilantro (o una mezcla de los dos), 3 cucharadas soperas de aceite de oliva, 3 cucharaditas de vinagre balsámico, sal y pimienta
Lava la manzana y córtala en bastoncitos. En una ensaladera, emulsiona el aceite de oliva con el vinagre balsámico, la sal y la pimienta. Añade los canónigos, los bastoncitos de manzana y las hierbas aromáticas; mézclalo bien. Espolvoréalo con nueces de la India tostadas.
Calienta el pastel de carne con puré de papa en el horno precalentado a 180 °C (t. 6).
Para el jueves, saca del congelador el salteado de arroz y déjalo en el refrigerador para que vaya descongelándose.

Jueves

Arroz salteado con
calabaza cacahuate,
espinacas y nueces de
la India tostadas

Tiempo de recalentamiento:
10 minutos
Tiempo de preparación:
1 minuto

Ingredientes: el arroz salteado, 60 g de nueces de la India tostadas y 4 ramitas de cilantro
Calienta el arroz salteado y espolvoréalo con nueces de la India tostadas y cilantro picado.
Para el viernes, saca del congelador el caldo de _pho_ y las cebollas en juliana y déjalo en el refrigerador para que vaya descongelándose.

Tiempo de cocción:
5 minutos
Tiempo de preparación:
5 minutos

Viernes

Pho vietnamita

Ingredientes: el caldo descongelado, las cebollas tiernas en juliana descongeladas, 200 g de fideos de arroz, el _carpaccio_ de res, 1 lima, ½ manojo de cilantro y 4 cucharadas soperas de salsa _nuoc-mam_
En una olla, lleva a ebullición el caldo; apaga el fuego y sumerge en el caldo los fideos de arroz durante el tiempo que indique el paquete. Mientras tanto, corta el _carpaccio_ en tiras. Añádelas al caldo, junto con el jugo de la lima, la salsa _nuoc-mam,_ la cebolla y el cilantro picado.

Menú #2

Carrito del súper

Mehú #2

Lista del súper

Mehú #2

Verduras/Fruta

* 3 camotes medianos
* 1 kg de papas blancas
* 1 coliflor grande
* 1 bolsita de arúgula (que no caduque hasta dentro de cuatro o cinco días)
* 1 bolsa de col picada o de col y zanahoria ralladas (que no caduque hasta dentro de cuatro o cinco días)
* 1 charolita de tomates *cherry*
* 1 manojo de perejil
* 1 manojo de cebollín
* 8 dientes de ajo
* 2 cebollas amarillas
* 1 limón pequeño orgánico
* 1 trozo de jengibre (de unos 5 cm)
* 500 g de champiñones

Carne/Pescado

* 1 charola de camarones cocidos y pelados (unos 12) (que no caduquen hasta dentro de uno o dos días)
* 400 g de pechuga de pollo
* 4 rebanadas de jamón (o de pechuga de pavo)
* 400 g de lomo de bacalao (fresco o congelado)

Lácteos

* 500 ml de crema líquida
* 1 bote de crema fresca entera (500 ml)
* 1 l de leche entera
* 1 bote de bolitas de *mozzarella* (unos 125 g netos)
* 30 g de mantequilla
* 1 bolsita de parmesano rallado
* 1 bolsa de virutas de parmesano (o 1 trocito de parmesano para hacer virutas)

Despensa básica

* curri molido
* nuez moscada
* hierbas provenzales
* mostaza
* aceite de oliva
* sal y pimienta

Varios

* 6 huevos
* arroz *basmati* blanco o semiintegral
* 1 paquete de *linguine* o de espaguetis
* 1 paquete de polenta instantánea (250 g)
* 1 bote de tomate triturado (unos 400 g)
* 1 tarrito de salsa de tomate
* 1 lata de leche de coco (40 o 50 cl)
* 50 g de nueces peladas

Lunes

Entrada
Crema de coliflor
con camarones
salteados

Plato principal
Pizza de polenta
con champiñones

Jueves

Entrada
Ensalada de col, huevo
duro y tomate *cherry*
con una salsa cremosa

Plato principal
Linguine** con salsa
de ajo, arúgula, nueces
y virutas de parmesano

Martes

Currl de camote
con pollo

Viernes

Pastel de bacalao
con puré de camote***

Miércoles

Gratinado de coliflor
y papas con jamón*

*Para que el menú no contenga cerdo, sustituye el jamón por pechuga de pavo.
**Para que el menú no contenga gluten, elige pasta sin gluten.
***Si no te entusiasma el camote, sustitúyelo por la mitad de zanahoria (para el curri) y la mitad de papas (para el pastel de bacalao con puré de camote), siguiendo las mismas indicaciones de la receta.

Preparación

Menú #2

Antes de empezar

1) Si tienes suficiente espacio, saca todos los ingredientes que vas a utilizar en la sesión de cocina, menos la arúgula, la col picada, los tomates *cherry,* los camarones, las virutas de parmesano, el arroz y la pasta. Así lo tendrás todo a la mano y no perderás tiempo buscando los ingredientes en la alacena y el refrigerador.
2) Saca también todos los utensilios necesarios:
   * 2 charolas pequeñas para gratinar
   * 2 sartenes
   * 1 olla grande para hervir la coliflor
   * 1 vaporera grande o 1 olla con una rejilla para cocinar al vapor
   * 1 olla pequeña
   * 1 pelador o 1 rallador pequeño (para el limón)
   * 1 batidora de mano
   * 1 escurridor de ensalada (o una ensaladera grande y un trapo de cocina limpio)
   * 1 pala trituradora
   * 1 contenedor de cristal (para guardar la crema de ajo)
   * 1 botella de cristal de 1.5 l (para guardar la crema de coliflor)
   * 5 recipientes: 2 grandes y 3 pequeños
   * papel de cocina (o 1 trapo fino, limpio y seco)
   * papel vegetal y papel film

¡A cocinar durante 2 horas y 10 minutos!

1 Pon a hervir una olla grande de agua con sal. Lava la coliflor y córtala en ramilletes. Échala en el agua hirviendo y cuécela durante 15 minutos.

2 Pela los camotes y las papas. Corta los camotes en dados grandes y las papas en rodajas finas. Ponlo en la vaporera: los dados de camote debajo y las rodajas de papa encima. Cuécelo durante unos 15 minutos; deben quedar ligeramente firmes.

3 Precalienta el horno a 200 °C (t. 6-7). Escurre la coliflor. Separa la mitad. Tritúrala con 200 ml de crema líquida. Añade un poco de agua (unos 2 vasos de agua) para conseguir la consistencia que desees. Salpimiéntalo. Guárdalo en un contenedor. Tritura un poco la otra mitad de la coliflor.

Mézclala con 3 cucharadas soperas de crema líquida, un poco de nuez moscada, sal y pimienta. Corta las rebanadas de jamón en cuadraditos y añádelos a esta mezcla.

4 Las rodajas de papas ya deberían de estar cocidas. Separa la mitad y ponlas en la base de una charola pequeña para gratinar. Echa encima la mezcla de coliflor y jamón. Recúbrelo con ¼ de la bolsita de parmesano rallado y hornéalo durante 20 minutos.

5 Pon el lomo de bacalao en otra charola pequeña para gratinar. Échale sal y cuécelo durante 3 minutos (o 5 minutos si está congelado) en el microondas (o en el horno, duplicando el tiempo).

6 Mientras tanto, lava el cebollín y el perejil, dejándolos un momento remojando en agua

fría; escúrrelos bien con un trapo limpio o un escurridor de ensalada. Pica ¾ del cebollín y déjalo en un tazón. Guarda el perejil y el resto del cebollín en un recipiente hermético entre 2 hojas de papel de cocina.

7 Tira el agua de cocción del bacalao y desmenúzalo. Ponlo en la base de una charola para gratinar. Echa 3 cucharadas soperas de crema fresca y el cebollín picado, ralla la piel del limón, salpimiéntalo y mézclalo bien.

8 Cuece los 6 huevos en una olla pequeña (durante 8 minutos desde que el agua empiece a hervir).

9 En una ensaladera, aplasta las papas cocidas restantes y la mitad de los camotes. Añade la crema fresca restante, salpimiéntalo y mézclalo. Esparce este puré

Resultado

Menú #2

por encima del bacalao. Hornéalo durante 15 minutos.

10 Los huevos ya deberían de estar cocidos. Ponlos debajo de la llave de agua fría y guárdalos en el refrigerador durante 5 días.

11 Prepara la polenta: en una olla grande, vierte la leche entera y ½ cucharadita de sal. Llévalo a ebullición y luego echa la polenta poco a poco. Baja el fuego y cuécelo durante 1 minuto sin dejar de remover. Añade los 30 g de mantequilla y el resto del paquete de parmesano. Mézclalo bien y deja que se vaya enfriando.

12 Mientras tanto, pela y pica los 8 dientes de ajo y corta en juliana las 2 cebollas. Quita la base de los champiñones, lávalos y sécalos bien. Córtalos en 2 o en 4, según el tamaño.

13 En un sartén, calienta 2 cucharadas soperas de aceite de oliva, añade el equivalente a 2 dientes de ajo picados, los champiñones y ½ cucharadita de sal. Cuécelo a fuego medio durante 5 minutos, hasta que los champiñones no suelten agua. Al final de la cocción, echa ½ manojo de perejil picado a los champiñones.

14 Mientras tanto, extiende una capa de papel vegetal en una charola para el horno y esparce la polenta, formando un óvalo de 1.5 cm de grosor. Extiende encima la salsa de tomate, dejando 2 cm libres en los bordes, reparte las bolitas de *mozzarella* y los champiñones con perejil y espolvoréalo con 1 cucharada sopera de hierbas provenzales. Hornéalo durante 5 minutos.

15 En un sartén, calienta 2 cucharadas soperas de aceite de oliva y echa ¼ del ajo

17 Prepara la salsa cremosa para la ensalada de col: en un contenedor pequeño, echa 1 cucharadita de mostaza, ½ cucharadita de sal y el jugo del limón rallado; emulsiónalo vertiendo poco a poco la crema líquida restante.

18 Echa el resto de los camotes en el curri de pollo.

picado restante, las cebollas picadas, sal y 1 cucharada sopera de curri. Dóralo durante 5 minutos. Pela y pica el jengibre. Echa ¾ en el sartén. Guarda el resto con ¼ del ajo restante en un recipiente en el refrigerador. Corta las pechugas de pollo en daditos y añádelas al sartén para que se doren. Vierte el tomate triturado y la leche de coco. Cuécelo a fuego lento durante 15 minutos.

16 Mientras tanto, tuesta las nueces en el horno apagado pero todavía caliente durante 5 minutos. En un sartén pequeño, calienta 2 cucharadas soperas de aceite de oliva, echa el ajo picado restante y ½ cucharadita de sal. Dóralo durante 2 minutos y luego añade 200 ml de crema líquida. Deja que se espese durante 2 minutos y después viértelo en un contenedor.

¡Todo listo! Deja que se enfríe.

Guarda en el refrigerador
* la crema de coliflor (se conserva durante 2 días);
* la pizza de polenta con champiñones, idealmente en la misma charola para el horno, tapada con papel de aluminio (se conserva durante 2 días);
* el curri de camote con pollo (se conserva durante 2 días);
* los huevos duros (se conservan durante 5 días);
* la salsa cremosa;
* el perejil y el cebollín restantes;
* la mezcla de ajo y jengibre picados.

Guarda en el congelador
* el curri de camote con pollo, si vas a consumirlo a partir de 2 días después de prepararlo;
* el gratinado de coliflor con jamón, en la misma charola para gratinar, tapado con papel film;
* la crema de ajo;
* el pastel de bacalao con puré de camote, en la misma charola para gratinar, tapado con papel film.

Resultado
Menú #2

Menú #2

Lunes

Tiempo de recalentamiento:
10 minutos
Tiempo de cocción:
2 minutos
Tiempo de preparación:
2 minutos

Entrada
Crema de coliflor
con camarones
salteados

Plato principal
Pizza de polenta
con champiñones

Ingredientes: la crema de coliflor, los camarones pelados, la mezcla de ajo y jengibre picados, 3 ramitas de perejil, 1 cucharada sopera de aceite de oliva, la pizza de polenta, sal y pimienta
Calienta la pizza de polenta en el horno precalentado a 160 °C (t. 5-6).
Calienta la crema de coliflor en una olla removiendo bien. En un sartén pequeño, calienta el aceite de oliva. Añade el ajo, el jengibre y el perejil picados y echa los camarones para dorarlos durante 1 o 2 minutos. Repártelos entre los tazones de crema de coliflor.
Para el martes, si congelaste el curri de camote con pollo, sácalo del congelador y déjalo en el refrigerador para que vaya descongelándose.

Tiempo de recalentamiento:
15 minutos
Tiempo de cocción:
10 minutos
Tiempo de preparación:
3 minutos

Martes

Curri de camote
con pollo

Ingredientes: el curri de camote con pollo, 200 g de arroz *basmati* blanco o semiintegral, el cebollín restante, sal y pimienta
Calienta el curri. Lava el arroz con abundante agua y hiérvelo siguiendo las indicaciones del paquete. Sirve el curri y el arroz en cada plato, espolvoreado con cebollín picado.
Para el miércoles, saca del congelador el gratinado de coliflor y papas con jamón y déjalo en el refrigerador para que vaya descongelándose.

Estas indicaciones son las ideales si preparaste el menú para comer en casa. Pero si cocinaste para comer al día siguiente en el trabajo, en general bastará con que ultimes la preparación la noche antes y calientes la comida en el microondas de la oficina.

servir?

Tiempo de recalentamiento:
15 minutos

Miércoles

Gratinado de coliflor y papas con jamón

Ingredientes: el gratinado de coliflor y papas con jamón
Calienta el gratinado al horno precalentado a 150 °C (t. 5).
¡Sírvelo!
Para el jueves, saca del congelador la crema de ajos y déjala en el refrigerador para que vaya descongelándose.

Jueves

Entrada
Ensalada de col, huevo duro y tomate *cherry* con una salsa cremosa

Plato principal
Linguine con salsa de ajo, arúgula, nueces y virutas de parmesano

Tiempo de recalentamiento:
5 minutos
Tiempo de cocción:
15 minutos
Tiempo de preparación:
10 minutos

Ingredientes: la col picada, la charola de tomates *cherry,* los huevos duros, el perejil restante, la salsa cremosa; 400 g de *linguine* (o de espaguetis), la crema de ajo descongelada, la bolsa de arúgula, las nueces tostadas, las virutas de parmesano, aceite de oliva, sal y pimienta
Hierve la pasta siguiendo las indicaciones del paquete.
Calienta la crema de ajo.
Mientras tanto, pela los huevos duros y córtalos en 4 trozos. Corta los tomates *cherry* en 4. Pon la col blanca en una charola grande para servir, recúbrela con los huevos duros, los tomates *cherry* y el perejil picado; vierte la salsa cremosa
Sirve la pasta con la crema de ajo, recubierta de arúgula, espolvoreada con nueces y virutas de parmesano, un chorrito de aceite de oliva y un poco de pimienta.
Para el viernes, saca del congelador el pastel de bacalao con puré de camote y déjalo en el refrigerador para que vaya descongelándose.

Tiempo de recalentamiento:
15 minutos

Viernes

Pastel de bacalao con puré de camote

Ingredientes: el pastel de bacalao con puré de camote
Calienta el pastel de bacalao con puré de camote al horno precalentado a 160 °C (t. 5-6). ¡Sírvelo!

Invierno
Menú #1

Carrito del súper

Menú #1

Lista del súper

Menú #1

Verduras/Fruta

* 6 poros
* 8 zanahorias
* 1 rama de perejil
* 4 nabos
* 2 kg de papas blancas
* 1 manojo de perejil
* 2 cebollas blancas
* 2 dientes de ajo

Despensa básica

* 3 hojas de laurel
* 3 clavos
* 3 granos grandes de pimienta
* tomillo seco
* mostaza
* vinagre
* aceite de girasol
* aceite de oliva
* sal, flor de sal, sal gorda gris y pimienta

Carne/Pescado

* 1.5 kg de carne para el cocido (una mezcla de costillas, espaldilla y redondo de res)
* de 1 a 4 huesos con tuétano (al gusto)
* 400 g de abadejo ahumado

Lácteos

* 400 ml de crema líquida

Varios

* 6 huevos
* 200 ml de leche de coco
* 1 contenedor pequeño de pepinillos
* 200 g de pasta en forma de granos de arroz (o de fideos)
* 4 rebanadas de pan integral redondo
* 1 paquete de pasta *brick*

Menús

Lunes

Entrada
Poros a la vinagreta
con huevos rellenos

Plato principal
Pasta con caldo
de cocido

Martes

Cocido

Miércoles

Entrada
Empanadillas
triangulares de res
y verduras

Plato principal
Brandada de abadejo

Jueves

Crema de verduras
y tostadas con
tuétanos asados

Viernes

Sopa de abadejo
con leche de coco

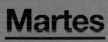

Preparación
Menú #1

Antes de empezar

1) Si tienes suficiente espacio, saca todos los ingredientes que vas a utilizar en la sesión de cocina, menos 1 huevo, la pasta, los pepinillos y la mostaza. Así lo tendrás todo a la mano y no perderás tiempo buscando los ingredientes en la alacena y el refrigerador.
2) Saca también todos los utensilios necesarios:
   * 1 olla pequeña
   * 1 olla mediana
   * 1 olla muy grande
   * 1 cazuela grande para el cocido
   * 1 ensaladera grande
   * 1 charola para gratinar
   * 1 pala trituradora
   * 1 batidora de mano
   * 1 espumadera
   * 6 recipientes: 3 grandes, 2 medianos y 1 pequeño
   * 1 botella de cristal de 1.5 l (para guardar el caldo del cocido)
   * papel film

¡A cocinar durante 2 horas!

1 En una cazuela grande, pon los trozos de res (sin los huesos). Cúbrelos con 3 l de agua, añade 1 cucharada sopera de sal gorda gris, 2 hojas de laurel y 1 cebolla pelada con 3 clavos ensartados. Llévalo a ebullición. Espúmalo durante 15 minutos y después baja el fuego.

2 Mientras tanto, en una olla mediana, calienta los 200 ml de de leche de coco con 500 ml de agua, 1 hoja de laurel y ½ cucharadita de tomillo.

3 Debajo de la llave de agua, desala con abundante agua los filetes de abadejo. Retira la piel arrancándola con los dedos. Córtalos en trocitos y ponlos en la olla con la leche de coco. Cuécelo a fuego muy suave, sin que llegue a hervir, durante 15 minutos.

4 Pon a hervir agua con sal en una olla muy grande. Pela todas las papas. Cuécelas enteras en la olla grande, hasta que puedas clavar la punta de un cuchillo sin dificultad (unos 30 minutos).

5 Con una espumadera, quita los trozos de abadejo de la olla y deja que escurran en un colador.

6 Pela los nabos, las zanahorias y la cebolla restante. Corta 1 nabo en dados y los otros 3 por la mitad. Corta 2 zanahorias en rodajas y las otras 6 en cuartos. Corta la cebolla en dados.

7 En la olla donde sofreíste el abadejo, echa los dados de nabo y de cebolla y las rodajas de zanahoria. Cuécelo durante 30 minutos con la tapa puesta. No añadas sal.

8 En la cazuela del cocido, añade los nabos partidos por la mitad y los trozos de zanahoria, 3 granos de pimienta y 1 ramita de perejil.

9 Quita las puntas de los poros, lávalos bien y córtalos en 4 trozos. Retira las hojas de la rama de apio, lávala y córtala también en 4 trozos. Añádelo todo a la cazuela del cocido.

10 En una ensaladera, desmiga la mitad de los trozos de abadejo. Pica 1 diente de ajo y añade 200 ml de crema líquida, 2 cucharadas soperas de aceite de oliva y ⅔ de las papas hervidas. Échale pimienta, pero no sal. Aplástalo con una pala trituradora.

11 Lava y seca el perejil y luego pícalo. Añade la mitad a la brandada de abadejo.

Menú #1

Mézclalo y luego vierte la brandada en una charola para gratinar.

12 Echa el resto del abadejo en la olla de las verduras con leche de coco. Deja que se enfríe.

13 En una olla pequeña, hierve 4 huevos durante 10 minutos.

14 Con una espumadera, saca todas las verduras de la cazuela del cocido. En un recipiente pequeño, guarda 8 trozos de poro para la receta de poros a la vinagreta. Añádeles 1 cucharada sopera de perejil picado. Reserva los trozos más enteros de zanahoria, de nabo, de poro, de apio y de cebolla para el acompañamiento del cocido.

15 Quita la mitad de la carne de las costillas y desmenúzala. Mézclala con 3 papas, 2 trozos de nabo, algunas rodajas de zanahoria,

el perejil picado restante, sal y pimienta. Resérvalo en un tazón para rellenar las empanadillas triangulares.

16 Echa los trozos de verduras más imperfectos en una ensaladera para preparar la sopa. Añade 1 papa, la crema líquida restante, 2 cucharones del caldo del cocido, un poco de sal y de pimienta, y tritúralo bien.

17 Añade los huesos con tuétano a la cazuela y alarga la cocción tanto tiempo como puedas (idealmente, 1h 30 más).

18 Precalienta el horno a 180 °C (t. 6). Corta las hojas de pasta *brick* por la mitad. Dobla los bordes redondos hacia dentro. Pon 1 cucharadita de relleno en el triángulo que tengas más cerca. Repliega la hoja, formando triángulos. Desliza la hoja sobrante hacia el interior, para cerrar las empanadillas

triangulares. Aunque no es complicado, la tarea lleva su tiempo. Puedes pedir ayuda a los niños: ¡estarán encantados de participar! Bate 1 huevo y unta las empanadillas triangulares. Hornéalas durante 15 minutos.

¡Todo listo! Deja que se enfríe.

Guarda en el refrigerador

* los 4 huevos duros (se conservan durante 5 días);
* los 8 trozos de poros cocidos (se conservan durante 3 días);
* el caldo del cocido, en una botella de cristal (se conserva durante 3 días);
* los trozos de carne del cocido, si vas a consumirlos en los próximos 2 días;
* las verduras del cocido (se conservan durante 3 días).

Guarda en el congelador

* los trozos de carne del cocido, si vas a consumirlos a partir de 2 días después de prepararlos;
* las empanadillas triangulares;
* la brandada de abadejo, en la misma charola para gratinar, tapada con papel film;
* la crema de verduras;
* los huesos con tuétano con un poco de caldo;
* las rebanadas de pan integral redondo, en una bolsa hermética;
* la sopa de abadejo con leche de coco.

Resultado
Menú #1

Menú #1

Lunes

Entrada
Poros a la vinagreta
con huevos rellenos

Plato principal
Pasta con caldo
de cocido

Tiempo de cocción:
10 minutos
Tiempo de preparación:
10 minutos

Ingredientes: los trozos de poros hervidos, los 4 huevos duros, 1 huevo crudo, mostaza, aceite de girasol, aceite de oliva, vinagre, sal y pimienta; el caldo del cocido y 200 g de pasta en forma de granos de arroz o de fideos

Prepara una vinagreta: mezcla 1 cucharadita de mostaza con 1 cucharadita de vinagre y un poco de sal. Bátelo mientras añades poco a poco 2 cucharadas soperas de aceite de oliva. Vierte la vinagreta sobre los poros.

Prepara una mayonesa: mezcla la yema de huevo con 1 cucharadita de mostaza y un poco de sal. Bátelo mientras añades poco a poco 4 cucharadas soperas de aceite de girasol.

Pela los huevos. Córtalos por la mitad. Quita las yemas y mézclalas con la mayonesa. Rellena las claras de los huevos duros. Sirve los huevos rellenos sobre los poros. Desengrasa el caldo quitando la capa de grasa que flota en la superficie. Hierve la pasta en el caldo. ¡Sírvela!

Para el martes, si congelaste la carne del cocido, sácala del congelador y déjala en el refrigerador para que vaya descongelándose.

Tiempo de recalentamiento:
10 minutos

Martes

Cocido

Ingredientes: los trozos de carne, las verduras, mostaza, pepinillos y flor de sal

Calienta las verduras y la carne. En cada plato, sirve un trozo de carne de cada tipo, acompañada de pepinillos, mostaza y flor de sal.

Para el miércoles, saca del congelador las empanadillas triangulares y la brandada y déjalo en el refrigerador para que vaya descongelándose.

servir?

<u>Tiempo de recalentamiento:</u>
10 minutos

Miércoles

Entrada
Empanadillas
triangulares de res
y verduras

Plato principal
Brandada de abadejo

Ingredientes: las empanadillas triangulares de res y verduras y la brandada de abadejo
Precalienta el horno a 180 °C (t. 6) y calienta las empanadillas triangulares y la brandada durante 10 minutos. ¡Sírvelo!
Para el jueves, saca del congelador la crema de verduras, los huesos con tuétano y las rebanadas de pan y déjalo en el refrigerador para que vaya descongelándose.

Jueves

Crema de verduras
y tostadas con
tuétanos asados

<u>Tiempo de recalentamiento:</u>
15 minutos
<u>Tiempo de preparación:</u>
2 minutos

Ingredientes: la crema de verduras, los huesos con tuétano, las rebanadas de pan y flor de sal
En una olla, calienta la crema de verduras. En otra olla, vierte el caldo del cocido y calienta los huesos con tuétano.
Tuesta las rebanadas de pan. Úntalas con el tuétano. Espolvoréalo con flor de sal.
Para el viernes, saca del congelador la sopa de abadejo con leche de coco y déjala en el refrigerador para que vaya descongelándose.

<u>Tiempo de recalentamiento:</u>
15 minutos

Viernes

Sopa de abadejo
con leche de coco

Ingredientes: la sopa de abadejo con leche de coco
En una olla, calienta la sopa. ¡Sírvela!

Estas indicaciones son las ideales si preparaste el menú para comer en casa. Pero si cocinaste para comer al día siguiente en el trabajo, en general bastará con que ultimes la preparación la noche antes y calientes la comida en el microondas de la oficina.

Menú #2

Carrito del súper

Menú #2

117

Lista del súper

Menú #2

Verduras/Fruta

* 500 g de champiñones
* 2 poros
* 4 zanahorias
* ½ col lombarda (o una bolsa de col lombarda picada, que no caduque hasta dentro de 3 o 4 días)
* 1 kg de papas blancas
* 1 bolsa de canónigos (que no caduquen hasta dentro de 2 días)
* 1 racimo pequeño de uvas
* 1 manzana
* 2 echalotes
* 2 cebollas
* 4 dientes de ajo
* 1 trocito de jengibre fresco (opcional)

Carne/Pescado

* 150 g de taquitos de tocino
* 1 kg de espaldilla de ternera
* 16 alitas de pollo
* 1 chorizo

Lácteos

* 400 ml de crema líquida
* 1 bote grande de crema fresca
* 1 bolsita de gruyer rallado

Despensa básica

* mostaza
* maicena
* tomillo
* nuez moscada
* vinagre
* aceite de oliva
* sal y pimienta

Varios

* 4 huevos
* 1 masa quebrada
* 500 g de lentejas cocidas
* 250 g de arroz
* 50 g de aceitunas sin hueso
* 100 ml de oporto, de banyuls o de vino tinto
* 1 bote grande de tomate concentrado
* salsa de soya
* miel líquida
* cátsup

Lunes

Quiche lorena*

Martes

Entrada
Crema de poros y
papas

Plato principal
Alitas de pollo
caramelizadas

Jueves

Lentejas, champiñones
y zanahorias con crema

Miércoles

Entrada
Ensalada de col
lombarda con uvas y
manzana

Plato principal
Guiso de ternera con
chorizo*

Viernes

Estofado de ternera
con especias

Para que el menú no contenga cerdo, sustituye los taquitos de tocino de la quiche por
dados de pechuga de pavo y el chorizo por 1 pizca de paprika.

Antes de empezar

1) Si tienes suficiente espacio, saca todos los ingredientes que vas a utilizar en la sesión de cocina, menos la bolsa de col lombarda picada, la bolsa de canónigos, las uvas, la manzana, las lentejas y el arroz. Así lo tendrás todo a la mano y no perderás tiempo buscando los ingredientes en la alacena y el refrigerador.

2) Saca también todos los utensilios necesarios:
   * 1 cazuela
   * 1 molde de pastel
   * bolitas de cerámica para hornear (o legumbres)
   * 1 olla pequeña
   * 1 olla mediana
   * 1 ensaladera
   * 1 sartén
   * 1 batidora de mano
   * 5 contenedores: 3 grandes, 1 mediano y 1 pequeño

¡A cocinar durante 1 hora y 45 minutos!

1 Pela y corta en juliana las 2 cebollas y todos los dientes de ajo. Corta la carne de ternera en dados. En una cazuela, calienta 1 cucharada sopera de aceite de oliva y luego añade la mitad de las cebollas, la mitad del ajo, los dados de carne, 1 cucharadita de sal y un poco de pimienta. Cocínalo a fuego alto durante 10 minutos.

2 Mientras tanto, pela todas las papas y las zanahorias. Corta las papas en dados y las zanahorias en rodajas.

3 Añade a la cazuela ½ cucharadita de tomillo y el tomate concentrado. Mézclalo bien. A continuación, vierte los 100 ml de oporto (o de otro vino) y cubre por completo la carne de agua. Añade ¾ de los dados de papa, ⅓ de las rodajas de zanahoria y

el chorizo cortado en rebanadas gruesas. Cuécelo a fuego lento, con la tapa puesta, durante 1 hora y 15 minutos.

4 Precalienta el horno a 190 °C (t. 6-7). Engrasa el molde de pastel. Dispón la masa quebrada apretando bien los bordes y cortando la parte sobrante. Con un tenedor, pincha la base de la masa. Arruga el papel vegetal con el que estaba envuelta la masa, recubre la base de la masa y coloca encima las bolitas de cerámica para hornear (o legumbres crudas). Precuece la masa sin rellenar durante 25 minutos.

5 En una olla mediana, pon a hervir 800 ml de agua con sal. Quita las puntas de los poros y lávalos bien. Corta la parte blanca de los poros en rodajas gruesas y la parte verde en daditos. Echa a la olla la parte blanca de los poros, las papas y las cebollas restantes. Cuécelo durante 25 minutos.

6 Pon a hervir una olla pequeña de agua con sal. Cuece el resto de las rodajas de zanahorias durante 20 minutos.

7 Prepara una vinagreta abundante: en un recipiente, echa 2 cucharadas soperas de mostaza, ½ cucharadita de sal y 1 pizca de pimienta. Añade 4 cucharadas soperas de vinagre y mézclalo bien. Poco a poco, vierte 8 cucharadas soperas de aceite de oliva, mezclando con ímpetu.

8 Prepara el relleno de la quiche: en una ensaladera, bate los 4 huevos con ½ cucharadita de sal, un poco de pimienta y de nuez moscada rallada. Añade toda la crema líquida y bátelo un poco más.

9 En un sartén pequeño, dora los taquitos de tocino sin añadir ninguna materia grasa durante 5 minutos a fuego alto. Retira el exceso de grasa. Echa los taquitos de tocino en el fondo de la masa de la tarta precocida. Recúbrelo con la bolsita de gruyer rallado. Vierte el relleno de la quiche. Hornéala durante 30 minutos.

10 Tritura bien la crema de poros y papas con 2 cucharadas soperas de crema fresca.

11 Pela los 2 echalotes y córtalos en juliana. En un sartén, calienta 1 cucharada sopera de aceite de oliva. Añade los echalotes, el ajo restante y ½ cucharadita de sal. Sofríelo durante 5 minutos. Añade la parte verde de los poros. Lava los champiñones y córtalos en láminas. Échalos al sartén. Cuécelo todo durante 5 minutos más.

12 Corta la mitad de las rodajas de zanahoria cocida en daditos. Guárdalo en un recipiente mediano.

13 Añade al sartén la crema fresca restante y 1 cucharada sopera de maicena. Deja que se espese durante 5 minutos. Vierte ⅓ de esta preparación en el recipiente de los dados de zanahoria: será la crema para las lentejas del jueves.

14 Añade al sartén las rodajas de zanahoria cocida. Quita la mitad de los trozos de ternera de la cazuela y échalos al sartén. Mézclalo bien.

15 Añade las aceitunas a la cazuela y alarga la cocción 10 minutos más.

16 Prepara el marinado para las alitas de pollo: en un recipiente grande, vierte 6 cucharadas soperas de salsa de

soya, 4 cucharadas soperas de miel, 2 cucharadas soperas de cátsup y el jengibre rallado (opcional). Mézclalo bien y, a continuación, sumerge las alitas de pollo en el marinado.

17 Si compraste la col lombarda entera, pícala y guárdala en un recipiente hermético.

¡Todo listo! Deja que se enfríe.

Guarda en el refrigerador
* la quiche lorena, en el mismo molde (se conserva durante 2 días);
* la crema de poro y papas, en la misma olla (se conserva durante 3 días);
* las alitas de pollo marinadas (se conservan durante 3 días);
* la vinagreta (se conserva durante 1 semana).

Guarda en el congelador
* el guiso de ternera con chorizo;
* las verduras con crema para las lentejas;
* el estofado de ternera con especias.

Menú #2

¿Qué debes hacer antes de

Menú #2

Lunes

Quiche lorena

Tiempo de recalentamiento:
10 minutos

Ingredientes: la quiche lorena, la bolsita de canónigos y la mitad de la vinagreta
Precalienta el horno a 180 ºC (t. 6) y calienta la quiche durante 10 minutos. Sírvela acompañada de los canónigos y la vinagreta.

Tiempo de recalentamiento:
10 minutos
Tiempo de cocción:
10 minutos

Martes

Entrada
Crema de poro
y papas

Plato principal
Alitas de pollo
caramelizadas

Ingredientes: la crema de poro y papas, las alitas de pollo marinadas y pimienta
Precalienta el horno a 250 ºC (t. 8-9). Pon las alitas de pollo con el marinado en una charola para el horno y cuécelo durante unos 10 minutos, hasta que las alitas estén bien caramelizadas.
Calienta la crema de poro y papas durante 10 minutos a fuego lento y salpimiéntala. ¡Sírvela!
Para el miércoles, saca del congelador el guiso de ternera con chorizo y déjalo en el refrigerador para que vaya descongelándose.

Miércoles

Entrada
Ensalada de col
lombarda con uvas
y manzana

Plato principal
Guiso de ternera con
chorizo

Tiempo de recalentamiento:
15 minutos
Tiempo de preparación:
10 minutos

Ingredientes: la col lombarda picada, la manzana, el racimo de uvas, la vinagreta restante y el guiso de ternera con chorizo descongelado
Calienta el guiso de ternera a fuego lento durante 15 minutos.
Corta la manzana en láminas. Corta las uvas por la mitad y quita las semillas. En una ensaladera, echa la col lombarda picada, la manzana laminada y las uvas cortadas por la mitad, vierte la vinagreta y ¡sírvelo!
Para el jueves, saca del congelador el recipiente de las verduras con crema y déjala en el refrigerador para que vaya descongelándose.

Jueves

Lentejas, champiñones y zanahorias con crema

Tiempo de recalentamiento:
10 minutos

Ingredientes: el contenedor de lentejas cocidas y las verduras con crema
Echa las verduras con crema encima de las lentejas cocidas. Caliéntalo en una olla o en el microondas, como prefieras.
Para el viernes, saca del congelador el estofado de ternera con especias y déjalo en el refrigerador para que vaya descongelándose.

Tiempo de recalentamiento:
15 minutos
Tiempo de cocción:
10 minutos

Viernes

Estofado de ternera con especias

Ingredientes: el estofado de ternera con especias
Hierve el arroz siguiendo las indicaciones del paquete. Calienta el estofado de ternera con especias en una olla o en el microondas, como prefieras. Sírvelo con el arroz.

Estas indicaciones son las ideales si preparaste el menú para comer en casa. Pero si cocinaste para comer al día siguiente en el trabajo, en general bastará con que ultimes la preparación la noche antes y calientes la comida en el microondas de la oficina.

Menú #1 de primavera

Lunes

Pierna de cordero con ajo, verduras de primavera asadas y frijoles blancos.

Martes

Entrada: Crema de espárragos
Plato principal: Bacalao fresco a las finas hierbas

Miércoles

Pastel de carne de cordero con puré de papas

Jueves

Entrada: Humus de frijol blanco con *crudités* de verduras
Plato principal: Pasta con espárragos y bacalao

Viernes

Sopa minestrone

Menú #2 de primavera

Lunes

Empanada de salmón y berros

Martes

Entrada: Tostadas con rábanos
Plato principal: Pollo al estragón

Miércoles

Dhal de lentejas

Jueves

Entrada: Crema de hojas de rábanos
Plato principal: Ensalada César

Viernes

Curri verde de pescado blanco

Menú #1 de verano

Lunes

Entrada: Tabulé de quinoa
Plato principal: Pechugas de pollo con pisto

Martes

Pizzas de verduras y jamón serrano*

Miércoles

Pasta con calabacitas, aceitunas y pollo

Jueves

Entrada: Empanadas de queso de cabra y pisto
Plato principal: Tomates rellenos y arroz

Viernes

Ensalada de pasta con verduras de verano

Menú #2 de verano

Lunes

Ensalada de papa, salmón, mezcla de hojas verdes, cebolla y pepino

Martes

Entrada: Ensalada de lentejas al estilo griego
Plato principal: Calabacitas rellenas

Miércoles

Musaka

Jueves

Estofado de pescado al hinojo con arroz

Viernes

Entrada: Sopa de chícharos, *feta* y menta
Plato principal: Albóndigas de lentejas con salsa de tomate y ejotes

* Para que el menú no contenga cerdo, sustituye el jamón por pechuga de pavo.

Menú #1 de otoño

Lunes

Pasta con salsa de carrillada de res

Martes

Entrada: **Humus** (con *crudités* y pan *pita*)
Plato principal: **Sopa de calabaza cacahuate, castañas y taquitos de tocino** (o tofu ahumado)

Miércoles

Entrada: **Ensalada de canónigos, manzana verde y nueces de la India**
Plato principal: **Pastel de carne con puré de papa**

Jueves

Arroz salteado con calabaza cacahuate, espinacas y nueces de la India tostadas

Viernes

Pho **vietnamita**

Menú #2 de otoño

Lunes

Entrada: **Crema de coliflor con camarones salteados**
Plato principal: **Pizza de polenta con champiñones**

Martes

Curri de camote con pollo

Miércoles

Gratinado de coliflor y papas con jamón*

Jueves

Entrada: **Ensalada de col, huevo duro y tomate *cherry* con una salsa cremosa**
Plato principal: **Linguine** con salsa de ajo, arúgula, nueces y virutas de parmesano**

Viernes

Pastel de bacalao con puré de camote***

*Para que el menú no contenga cerdo, sustituye el jamón por pechuga de pavo.
**Para que el menú no contenga gluten, elige pasta sin gluten.
***Si no te entusiasma el camote, sustitúyelo por la mitad de zanahoria (para el curri) y la mitad de papas (para el pastel de bacalao con puré de camote), siguiendo las mismas indicaciones de la receta.

Menú #1 de invierno

Lunes

Entrada: Poros a la vinagreta con huevos rellenos
Plato principal: Pasta con caldo de cocido

Martes

Cocido

Miércoles

Entrada: Empanadillas triangulares de res y verduras
Plato principal: Brandada de abadejo

Jueves

Crema de verduras y tostadas con tuétanos asados

Viernes

Sopa de abadejo con leche de coco

Menú #2 de invierno

Lunes

Quiche lorena*

Martes

Entrada: Crema de poro y papas
Plato principal: Alitas de pollo caramelizadas

Miércoles

Entrada: Ensalada de col lombarda con uvas y manzana
Plato principal: Guiso de ternera con chorizo*

Jueves

Lentejas, champiñones y zanahorias con crema

Viernes

Estofado de ternera con especias

Agradecimientos
Gracias a Marin Postel, mi editor, por su amabilidad, su disponibilidad y su profesionalidad.
Gracias a Céline Le Lamer, la directora editorial, por su confianza y su inteligencia.
Gracias a Charly Deslandes, el fotógrafo, por sus fotos perfectas, su buen humor y su increíble eficacia.
Gracias a la marca Le Creuset por sus cazuelas y sus ollas de una calidad excepcional,
que recomiendo a todo el mundo. Desde luego, la inversión merece la pena. Gracias también a la marca
Greenpan por sus utensilios de cocción de cerámica, que he utilizado en el libro: la sartén, el *wok*…
Si los pruebas, ¡acabarás adoptándolos!
Gracias a los tenderos de mi barrio y de mi mercado por sus productos frescos: el puesto de frutas
y verduras de Ben Saïd, la pescadería Forestier, la carnicería Stéphane, la charcutería Le Bon,
Miele Primeur (Sandra), Roufia y el equipo de mi tienda La Vie Claire.
Gracias a mi familia por su apoyo: mamá (alias Mamie Mumu), Benoit, Alexandre, Fred y Eliott.
Y gracias a todos los amigos que han probado los menús y las recetas del libro: Caroline,
Sakho, J.B., Delphine, Florence y Audrey.

Caroline Pessin

Título original: *En 2h je cuisine pour toute la semaine*

Texto: Caroline Pessin
Fotografías: Charly Deslandes

© 2018, Hachette-Livre (Hachette Pratique)
© 2019, Traducción: Palmira Feixas

Todas las fotografías de esta obra han sido realizadas por Charly Deslandes
Dirección: Catherine Saunier-Talec
Responsable editorial: Céline Le Lamer
Responsable artístico: Nicolas Beaujouan
Responsable del proyecto: Marin Postel

Derechos reservados

© 2023, Editorial Planeta Mexicana, S.A. de C.V.
Bajo el sello editorial PLANETA M.R.
Avenida Presidente Masarik núm. 111,
Piso 2, Polanco V Sección, Miguel Hidalgo
C.P. 11560, Ciudad de México
www.planetadelibros.com.mx

Primera edición en formato epub: enero de 2023
ISBN: 978-607-07-8988-5

Primera edición impresa en México: enero de 2023
ISBN: 978-607-07-8911-3

Impreso en los talleres de Impresora Tauro, S.A. de C.V.
Av. Año de Juárez 343, Colonia Granjas San Antonio, Iztapalapa
C.P. 09070, Ciudad de México.
Impreso y hecho en México - *Printed and made in Mexico*